中等职业学校会展服务与管理专业

会展文案写作

HUIZHAN
FUWU YU GUANLI

主编 纪庆军 王 茜

北京出版社
山东科学技术出版社

编审委员会

主 任 委 员 邹本杰 何元清
副主任委员 白宗文 来逢波 王德文 王安松
委　　　员（按姓氏笔画排列）
王　茜　王瑞君　史建海　刘真明　纪庆军
孙丽敏　郑文霞　高　媛　焦玉翠　薛　山

编写说明

　　加强职业教育教材建设是提高人才培养质量的关键环节,是推进教育教学改革、提高教育教学质量、促进中职教育发展的基础性工程。如何培养满足企业需求的人才,是职业教育面临的一个突出而又紧迫的问题。目前中职教材普遍存在理论偏重、偏难、操作与实际脱节等弊端,突出的是以"知识为本位"而不是以"能力为本位"的理念,与就业市场对中职毕业生的要求相左。

　　为进一步贯彻落实全国教育工作会议精神,《国务院关于加快发展现代职业教育的决定》(国发〔2014〕19号)、《现代职业教育体系建设规划(2014—2020年)》(教发〔2014〕6号),北京出版社联合山东科学技术出版社结合各中职学校会展服务与管理专业发展现状及会展行业企业对人才的需求,在市场调研和专家论证的基础上,打造了反映会展行业发展水平、符合职业教育规律和技能人才培养的专业教材。

　　本套专业教材以教育部最新公布的中等职业学校《会展服务与管理专业教学标准(试行)》为指导思想,以中职学生实际情况为根据,以中职学校办学特色为导向,与具体的专业紧密结合,按照"基于工作流程构建课程体系"的建设思路(单元任务教学)编写,根据会展服务与管理行业的总体发展趋势和企业对高素质技能型人才的要求,构建与会展服务与管理专业相配套的内容体系,涵盖了专业核心课和部分专业(技能)方向课程。本套教材在编写过程中着力体现了模块教学理念和特色,即以素质为核心、以能力为本位,重在知识和技能的实际灵活应用;彻底改变传统教材的以知识为中心、重在传授知识的教育观念。为了完成这一艰巨的任务,我们成立了教材编写委员会,委员会的成员由具有多年职业教育理论研究和实践经验的高校教师、中职教师和行业企业一线专业人士担任。从选题到选材,从内容到体例,都从职业化人才培养目标出发,制定了统一的规范和要求,为本套教材的编写奠定了坚实的基础。本套教材的特点具体如下:

一、教学目标

　　在教材编写过程中明确提出以"工学结合,理实一体"为编写宗旨,以培养知识与技能为目标,以就业为导向,以提高中职学生职业能力为本位作为基本原则,避免就理论谈理论、就技能教技能,要做到有的放矢,培养技能型的会展服务与管理行业人才。打破传统的知识体系,将理论知识和实际操作合二为一,理论与实践一体化,体现"学中做"和"做中学"。让学生在做中学习,在做中发现规律,获取知识。

二、教学内容

　　本专业教材将会展服务管理的理论与方法和会展服务的实务与操作相结合。理论与方法部分,按学习和理解的顺序进行编排,以全面提升会展服务的水准和质量为目标来构思及编写；实务与操作部分，按会展直接服务和会展辅助服务分类编排，采用"全面点到、重点展开、大项完整、其余概括"的编写方法，使学习者既能全面掌握、又能分清主次。编写时，一方面，采用最新颁布的行业规范、服务标准，合理选取内容，在突出主流标准、规范的同时兼顾普适性；另一方面，结合会展新知识、新规范、新材料的现实发展要求增删、更新教学内容，重视基础内容与专业知识的衔接。同时，吸收了国内外会展相关理论研究的新成果，突出了中等职业学校教材的应用性、实践性、操作性。

三、教学方法

教材教法是一个整体，在教材中设计以"单元—任务"的方式，通过案例载体来展开，以任务的形式进行项目落实等教学内容，每个任务以"完整"的形式体现，即学生完成一个任务后可以完全掌握相关技能，以提升学生的成就感和兴趣。体现以学生为主体的教学方法，做到形式新颖。通过"教、学、做"一体化，按教学模块的教学过程，由简单到复杂开展教学，实现课程的教学创新。

四、编排形式

教材将知识和案例相结合，引入的案例和设计的活动具有代表性和直观性，既便于教学又便于学习；同时，教材配套有包含相关案例、素材、思考练习答案的光盘以及先进的多媒体课件，强化感性认识，强调直观教学，做到生动活泼。

五、编写体例

每个单元都是以任务驱动、项目引领的模块为基本结构。教材一级栏目包括单元概述、单元目标、学习任务和单元要点归纳。学习任务下按照任务概述、任务目标、学习内容、拓展提高、思考练习层进编排，穿插有特别提示、小贴士、相关知识、案例分析、核心提示等辅助性栏目，提醒操作注意事项、提示工作技巧或介绍行业前沿动态等。其中，"学习内容"是教材中每一个任务教学的主体，充分体现"做中学"的重要性，紧密结合岗位实际，以具有代表性、普适性的案例为载体进行展开，突出了对学生职业素质和能力的培养。

六、专家引领，双师型作者队伍

本系列教材由北京出版社和山东科学技术出版社共同组织具有教学经验及教材编写经验的"双师型"教师编写，参加编写的学校有河北民族师范学院、济南职业学院、武汉市旅游学校、山东电子职业技术学院、广州市轻工学校、青岛酒店管理职业技术学院、广州商务旅游学校、潍坊职业学院、泸州职业技术学院等，并聘请山东省教育科学研究院职业教育研究所副所长邹本杰及山东国际会展管理有限公司董事长、济南舜耕国际会展中心总经理何元清担任教材主审。感谢山东国际会展管理有限公司、《中外会展》杂志社、青岛海展集团等给予技术和资料上的大力支持。

本系列教材，各书既可独立成册，又相互关联，具有很强的专业性。它既是会展服务与管理专业组织教学的强有力工具，也是引导会展服务与管理专业的学习者走向成功的良师益友。

前 言

本教材是根据中等职业学校《会展服务与管理专业教学标准》，参照会展服务与管理岗位资格标准和行业岗位要求而编写的。编写中贯彻"基于工作过程、以行动为导向、以学习任务为载体、对接技能考证"的教学思想，在充分考虑了中等职业学校教学要求和学生特点的基础上编写而成。

本书力求突出以下特色：

1. 基于工作过程

本教材以"工学结合，理实一体"为编写宗旨，体现理实一体、基于工作过程的指导思想，以学生为主体，以教师为主导，采用"一体化教学"模式，把枯燥的会展基础理论融入到身临其境的教学情境中。

2. 以行动为导向

根据市场调研情况，把理论和技能融合穿插，从工作实际出发，打破传统知识体系，体现行动的导向作用，体现"学中练"和"练中学"的宗旨，让学生在练中学，在练中提高专业素质。

3. 内容对接技能取证

教材内容不仅依据专业教学标准的教学内容和要求，而且结合了岗位技能证书的职业标准要求，体现知识技能岗位化、岗位问题化、问题教学化、教学任务化、任务行业标准化的特点，增强了教材的实用性。

4. 采用案例任务式架构

教材以"单元—任务"的方式，通过案例载体来展开，以任务的形式进行项目落实。会展案例新颖、有时代感、有代表性。教材一级栏目包括单元概述、单元目标、学习任务和单元要点归纳。学习任务下按照任务概述、任务目标、学习内容、拓展提高、思考练习层进编排，穿插有案例分析、特别提醒和相关链接等辅助性栏目，提醒操作注意事项、提示工作技巧。内容紧密结合岗位实际，突出了职业素质和能力的培养。

本书的设计遵循职业人才成长规律和教育规律，依据典型职业活动的工作内容特征及课程性质,将相关内容进行适当重组,通过单元学习将知识和技能融合,实现理论和实践的一体化学习。本书的编写指导思想着重突出四个重点:一是紧紧围绕国家规定的中等职业院校专业教学标准进行;二是采用的案例全部来源于实际工作,使知识、技能有机结合在一起;三是与学生毕业后从事职业紧密结合,依据工作过程,以掌握基于职业需要的技能、职业素质与综合职业能力为目的,以新的思路来设计、选择、安排书的内容;四是书的体例设计新颖独特,编排清楚有序,图文并茂,适合中职生的特点。

本书在编写过程中参阅了国内外相关专业的论文、著作和网站资料,在此表示真诚的谢意。由于编者水平有限,时间紧迫,书中有不妥和错误之处在所难免,恳请有关专家、学者不吝赐教,敬请读者批评指正。

编 者

目 录
CONTENTS

第一单元　会展文案概述 ·· 1

学习任务 1　会展策划的基本理论 ·· 2

学习任务 2　会展文案概述 ·· 12

第二单元　会展计划、组织阶段的文案 ······································ 25

学习任务 1　会展市场调研报告 ·· 26

学习任务 2　会展调查问卷 ·· 32

学习任务 3　展会立项策划书 ·· 40

学习任务 4　会展计划 ·· 50

学习任务 5　会展申办报告 ·· 59

第三单元　会展运作阶段的文案（上） ······································ 67

学习任务 1　会展招展文案及招展函 ·· 68

学习任务 2　会展招商文案 ·· 81

学习任务 3　参展商、观众邀请函 ·· 85

第四单元　会展运作阶段的文案（中） ···································· 102

学习任务 1　参展说明书 ··· 103

学习任务 2　展会相关活动策划方案 ······································· 117

第五单元　会展运作阶段的文案（下） ···································· 128

学习任务 1　展会宣传推广计划 ··· 129

学习任务2　会展广告文案 ………………………………………… 145
学习任务3　展会通讯 ……………………………………………… 155
学习任务4　会展记录 ……………………………………………… 160

思考练习答案 …………………………………………………………… 168
参考文献 ………………………………………………………………… 171

第一单元　会展文案概述

单元概述

会展活动是一个人流、物流、信息流高度集中的场合,也是一个能够为众多参加会展活动的企业及人员提供交流、展示、洽谈和贸易的快速而有效的平台。本单元主要通过对会展策划、会展文案相关概念的学习,要求了解会展策划的基本流程,明确会展文案写作的重要性,掌握会展文案的种类及写作要求等相关的理论知识。

本单元共包括两个学习任务,分别是会展策划的基本理论和会展文案概述。

单元目标

- 了解会展策划的重要性
- 掌握会展策划的作用和原则
- 掌握会展策划的基本流程
- 了解会展文案的相关概念
- 明确会展文案写作的重要性
- 掌握会展文案的种类及写作要求等相关知识

学习任务 1　会展策划的基本理论

任务概述

通过本任务的学习,掌握策划的含义、特征和分类,明确策划的基本要旨,掌握会展策划的基本流程和方法,有助于使学习者掌握核心的学习方法。

任务目标

- 掌握会展策划的基本概念
- 掌握会展策划的方法
- 了解会展策划的特点
- 掌握会展策划的流程

学习内容

一、策划的含义

策划是一项立足现实、面向未来的活动,是一个综合性系统工程。策划就是策略、谋划,是为达到一定目标,在调查、分析有关材料的基础上,遵循一定的程序,对未来某项工作或事件事先进行系统的、全面的构思和谋划,制订和选择合理可行的执行方案,并根据目标要求和环境变化对方案进行修改、调整的一种创造性的社会活动过程。目标是策划的起点,信息是策划的基础和前提,创意是策划的核心。

特别提示

策划与计划的不同

策划与计划的行为不同,计划是具体的实施细则,任何策划都必须有计划,但不是所有的计划都有策划,有的计划是长远的目标打算,不具备现实操作性,有的计划是常规的工作流程,不具备创新性。策划是主动性的,目标性很强的行为;计划是被动性的,规划性很强的行为。策划近似英文的 Strategy 加 Plan。而计划则近似于英文的 Plan。

策划更表现为战略决策,包括分析情况、发现问题、诊断把脉、优化方案、整合优势。而计划往往表现为掌握原则和方向,按部就班的工作流程。从对象上分析,策划一般运用于工商企业和商业性活动中,计划一般运用于政府组织的指导性活动中。

计划往往具有极端性、单一性,缺乏策划所具备的丰富性和灵活性。计划的理性色彩和策划的发散思维,都应该是企业或经营者所具备的,从这一角度而言,策划与计划是所有企业或策划人都必须具备的。策划人或经营者在进行企业经营决策时,强调策划;而在执行这一策划时则强调计划。计划是体现企业执行力的一个重要因素,策划则更多地展现企业的创造性。因此,企业在不同的时段或阶段,对策划和计划会有不同的重视程度。同时,它们也会由企业不同的部门来制定或执行。

策划与计划都需要面临众多的信息处理和反馈,足够的信息来源和对信息正确地运用和处理,会使两者都能获得理想的结果。一旦信息缺失或发生偏差,对计划造成的扭曲就会远远大于对策划造成的误差。

企业在制订计划时,有些计划可以只从企业本身的各种资料中获得信息来源,但策划一定是需要从企业以外的方方面面获得信息。也就是说,策划要求大量的多方面的信息资源,而计划可以仅需求单一的信息资源就可以制订出来。

二、策划的特征

1. 策划必须是创新的

概念创新和理念创新是策划的本质特征,资源整合在一起,能不能产生新的绩效,有没有创新,这是策划的关键。资源整合所聚集的能量就是创新,没有创新的资源整合过程,我们不认为是策划。策划追求创新,是策划与计划的根本区别。策划创新非常强调通过资源整合进行创新,这与科技创新、通过实验发明创造创新是有区别的,通过资源整合创新就是策划的精髓。

2. 策划必须是有资源的

这种资源可能是物质资源,也可能是关系资源或是政府资源,因此,这就决定了策划必须脚踏实地,它的发生过程是要使用资源的,这是策划的物质基础。没有资源就完全是想象、空想。

3. 策划必须是有整合可能性的

也就是说这种资源必须是能够使用的,能够整合在一块儿的,如果没有整合性,也就没有使用性,不能使用的资源整合在一起,本身就是不可能的,也是一种空想、想象,这是策划的条件。

4. 策划必须达到一定预期的目标

我们做任何事情都是有一定目的性的,策划就应该有目的性,俗话说"无事不谋",要做事,就应该有方向、有目标。策划是一个行为过程,它不仅是人的行为过程,也是资源配置的行为过程,因此,达到一定预期目标,是策划的目的,一个人、一个企业、一个国家在做一件事情时,都是有目的性的,目的性在一定程度上的量化过程,就成为目标。因此,达到预期目标是策划的目的。

三、策划的分类

策划内容涉及面十分广泛,它几乎涵盖了企业及组织、个人存在发展的各个方面。根据不同的标准,策划可分为很多种类,下面介绍基本的分类情况。

1. 根据策划的主体划分

根据策划的主体不同,策划主要可以分为如下三种:国家、社会团体为主体的事业策划;企业、经济团体为主体的企业策划;个人、家族成员为主体的个人策划。对企业而言,根据活动的不同,可将企业策划进一步细分为市场策划、公关策划、促销策划、品牌策划、定位策划、广告策划、形象策划、价格策划、危机策划、谈判策划、应战策划、CI策划等等。根据策划主体的不同,将会使策划的目的及策划的内容有根本的不同。

2. 根据策划的范围划分

根据策划的范围不同,可将策划分为三种:整体策划、区域策划、局部策划。由于策划对象的范围不同,策划的内容也完全不同。根据策划范围划分时,应注意各相邻区域(局部)之间的关系及各区域(局部)的作用。

3. 根据策划业务的阶段划分

从策划者的角度出发,根据策划业务的工作阶段不同,可将策划分为:调查业务策划(现状调查、主题调查、可能性调查等等);分析、判断业务策划(现状分析、问题分析、假设判定等等);实施业务策划(设想实施、方案组合等等)。

4. 根据策划的频度划分

根据策划的频度可以分为一定周期必须重复进行的周期性策划(如每一年度必须进行的年度销售策划);一定时间阶段内必须重复进行的阶段性策划;一次性单独策划。

5. 根据策划的动机划分

根据策划的动机可将策划分为依赖性策划(策划动机是为了谋求上级或委托者认可);自主性策划(为了达到企业自己的目的,独立进行的策划);主动性策划(策划动机是主动出击,获取最佳效益)。

6. 根据策划的性质划分

根据策划的性质可将策划分为处方型策划(解决已发生问题的策划);开发型策划(从现实可能性出发,开发出的面向未来、求知的策划);预防型策划(防止未来问题发生的策划);改善型策划(探索问题,改善现状的策划)。

四、会展策划

1. 会展策划的含义

会展策划是在展会题材背景分析的基础上,进行会展目标定位,进一步围绕目标制定办展规划、策略和方法,并预算所需要的各项资源,为办展提出科学合理的依据和策略指导。简言之,会展策划就是在会展调查的基础上,根据会展的战略目标,制定有效的会展策略方式和方法。

2. 会展策划的特点

(1)会展策划工作的服务对象是会展活动的主办方。会展策划不可能游离于会展活动主办方之外而独立存在。因此,会展策划是会展活动主办方经营范围中不可或缺的内容。从事策划服务的专门机构提供会展策划服务,也必须接受委托人的委托,即接受会展活动主办方的委托才会开展相关策划工作。

会展活动的主办方主包括政府、政治团体、社会组织和企业。这里的政治团体指政党及特定的群众团体。社会团体指行业协会、商会、专业学会、基金会等民间组织,它们不但有主办会展活动的需求,有的已成为中国会展市场的强势或知名的主办方。

(2)会展策划工作的产品是会展及其配套活动。会展策划只提供展览会或会议及其配套活动。会展业是会议业和展览业的统称。策划展览会的项目和策划会议的项目并不相同,大体细分如下:

展览会主办方策划的产品主要包括:创办展览会项目、购并展览会项目、改造原有展览会项目、展览会配套会议项目、展览会其他配套活动(新闻发布会、开幕式、宴会、会后旅游、展览会现场表演等活动)。会议主办方策划的产品主要包括:创办会议项目、改造原有会议项目、会议配套展览会项目、会议其他配套活动(新闻发布会、开幕式、文艺表演、会后旅游等活动)、承接会议的服务项目(会议场所、会场布置、接待酒店、会议现场等服务)。

(3)会展策划产品的形态是会展活动的运作方案。向会展活动主办方提供可供组织实施的会展活动方案,是会展策划工作的主要任务。会展活动的组织实施方案,就是会展策划工作提供的服务性产品形态。在实际工作中,较为复杂的会展活动策划,尤其是接受主办方委托、由外包机构承担的会展活动策划,其策划方案必须有规范的文本。而由主办方自行策划的会展活动策划,其方案往往偏重于操作内容,并不强调方案文本的系统性和规范性。而许多中小型公司策划会展活动,方案往往是决策人或操作者口头表达的构想或思路,不太拘泥于形式上的文本。

3. 会展策划的原则

会展策划原则是指能够反映会展策划过程的客观规律和要求的,在会展策划活动中需要遵循的指导原则和行动准则。如图1-1。

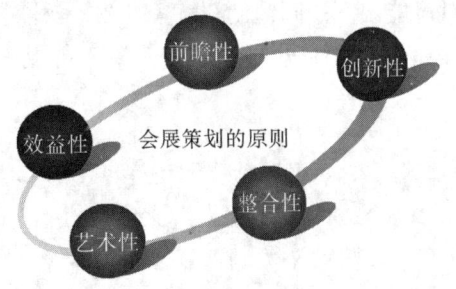

图1-1 会展策划的原则

(1)前瞻性原则。这一原则分为显性趋势和隐性趋势两种,显性趋势是指行业发展趋势明显,会展主题适时做出调整(滞后性);隐性趋势是对行业发展趋势预测,通过会展主题创新引导(超前性)。

(2)创新性原则。会展活动的开放性决定会展活动必须坚持创新性原则。这一原则的特点分为全过程性、全员性、渐进性三种。全过程性是指环节持续优化,最后整体优化,体现创新的生命力;全员性是指团队进取精神,个人想象发挥,提高应变能力;渐进性是指创新环境的渐进性,创新活动的渐进性,创新效果的渐进性。

(3)系统性原则。它是指运用系统理论对会展策划进行充分分析,从系统的整体和部分之间相互依赖、相互制约的关系中,揭示会展策划这一系统的特征和运动规律,以取得最佳的展览效果。

(4)艺术性原则。它是指策划人的知识、灵感、经验、分析能力、洞察能力、判断能力和应变能力的综合体现,表现出会展策划过程中创意的新奇亮点。

(5)效益性原则。会展策划必须以最小的投入使企业获得最大的收益。

4. 会展策划的作用(图1-2)

图1-2 会展策划的作用

5. 会展策划的程序

在会展策划活动过程中,按照策划工作的先后顺序和内在规律,划分若干既相对独立又前后衔接的阶段和步骤进行运作,称为会展策划程序。

(1)会展策划程序的依据。会展策划程序来源于决策和创造相结合的科学规律。决策是对未来将要发生的事情进行预测,并采取相应的策略,即面向未来为当前决策提供依据;创造是在决策过程中,面对可能出现的问题创新解决方法,是针对未来发展的一种创造。

(2)会展策划的流程:设定目标—调查预测—确定主题—总体方案制订—费用预算—招商招展—现场管理—效益评估。

特别提示

会展策划的四个必要阶段

1. 主题定位阶段。掌握会展的举办情况以及参展商的潜在需求,界定主题范围,分析可支配资源的现状、相关经验和远景战略目标需要等准备工作。

2. 目标确立阶段。主题定位后,对信息进行定性和定量的加工,确立会展主题要实现的目标,这个目标既是策划方案的前提,又是论证并评价策划方案的衡量标准,同时也是策划实施控制和实施效果的依据。

3. 方案设计阶段。确定策划目标后,运用创新技法谋划达到目标的有效途径,这就是设计并制作策划方案。

4. 方案论证阶段。策划方案设计制作完成后,一个策划运作过程已基本完成,它是否切实可行、经济高效,还要进行论证与评价。

6. 会展策划的方法(图1-3)

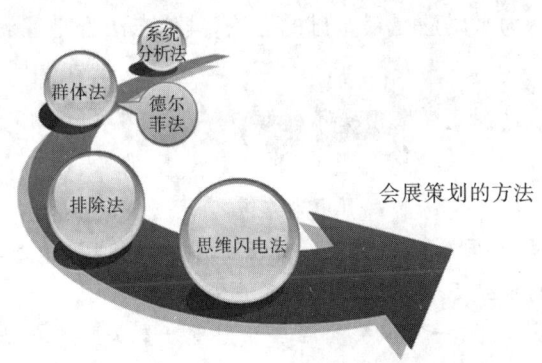

图1-3　会展策划的方法

(1)思维闪电策划法。在特定环境或气氛下,以个人或群体知识、经验、判断为基点,通过亲身的感受和直观的体验而闪现出的智慧之光,是一种创造性思路,可以比较全面地揭示事物或问题的本质(适用于主题创新)。

案例分析

校园自办展览项目思维闪电

第一步:指定组长,分发卡片,准备思维闪电(独立完成)。

第二步:开展思维闪电,把思维结果(自办展览项目名称)写在卡片上(记住反面记号)。

第三步:由组长收集卡片交实训老师洗牌打乱后重新发给大家。

第四步:组长宣读卡片内容,如有疑问可请创意者答疑解释(按反面记号)。

第五步:根据组长宣读卡片内容,把自己手中意思相近的卡片归类到组长处,并由组长高度概括成一张新的卡片。

第六步:组长召集小组成员简单交流,形成小组共识,最后派一位代表大会发言。

第七步:根据小组意见和大会发言由实训老师确定自办展览项目重要顺序。

第八步:根据项目招标投标原理选定项目负责人,分别策划自办展览项目。

(2)排除策划法。备选方案按一定顺序排列,寻找各个方案的缺点并将其排除出序列外,来达到方案选优目的的策划方法。避免错误排除应注意如下事项:将各个备选条件、方案按照一定的层次、顺序进行排列;确定科学的排除标准;坚持创新性原则,通过排除,克服缺陷,达到方案创新的目的。

(3)群体策划法。客观、科学地扩大策划参与人员的范围,群策群力,设计最优的策划方案。主要方法如下:

①头脑风暴法。又称智力激励法、BS法,是由美国创造学家A·F·奥斯本于1939年首次提出,1953年正式发表的一种激发创造性思维的方法。头脑风暴法是让所有参加人员围绕某一特定主题,在自由愉快、畅所欲言的气氛中,自由交换想法或点子,并以此激发创意及灵感,以产生更多创意的方法。此法经各国创造学研究者的实践和发展,至今已

经形成了一个发明技法群,比如奥斯本智力激励法、默写式智力激励法、卡片式智力激励法等等。其中,奥斯本智力激励法是最基础的方法,其他方法都是在此方法的基础上进行延伸或深化改进的。

> **案例分析**
>
> **用飞机扫雪**
>
> 对于一个地方来说,大雪会造成许多生活上的不方便,通讯就是其中一个方面。大量的积雪会将大跨度的电线压断,严重影响了通讯。在过去,许多人试图解决这一问题,但都未能如愿以偿。美国一电讯公司经理应用奥斯本头脑风暴法,不经意间解决了这一难题。
>
> 这位经理召开了一次座谈会,参加会议的是不同专业的技术人员,并根据奥斯本风暴法提出四项原则:自由思考、延迟评判、以量求质、结合改善。
>
> 在这四个规则的前提要求下,有人提出设计一种专用的电线清雪机;有人想到用电热来化解冰雪;也有人建议用振荡技术来清除积雪;还有人提出能否带上几把大扫帚,乘坐直升飞机去扫电线上的积雪……
>
> 有一位工程师在听到用飞机扫雪的想法后,大脑突然受到启发,一种简单可行且高效率的清雪方法产生了出来,马上提出"用直升飞机扇雪"的新设想。这个新设想又引起其他与会者的联想,有关用飞机除雪的主意一下子又多了七八条。在不到一小时内,与会的10名技术人员共提出90多条新设想。
>
> 经过现场试验,用"直升飞机扇雪"效果非常理想,一个久悬未决的难题,终于在头脑风暴会中得到了巧妙的解决。

②德尔菲法。又被称为规定程序调查法。德尔菲法是在20世纪60年代由美国兰德公司首创和使用的一种特殊的策划方法。德尔菲是古希腊的一座城市,因阿波罗神殿而驰名,由于阿波罗有着高超的预测未来的能力,故德尔菲成了预测、策划的代名词。所谓德尔菲法,是指采用函询的方式或电话、网络的方式,反复地咨询专家们的建议,然后由策划人做出统计,如果结果不趋向一致,那么就再征询专家,直至得出比较统一的方案。

德尔菲法的一般工作程序如下:第一,确定调查目标,拟定调查提纲。首先必须确定目标,拟定出要求专家回答问题的详细提纲,并同时向专家提供有关背景材料,包括预测目的、期限、调查表填写方法及其他要求等说明。第二,选择一批熟悉本问题的专家,一般至少为20人,包括理论和实践等各方面专家。第三,以通信方式向各位选定专家发出调查表,征询意见。第四,对返回的意见进行归纳综合、定量统计分析后再寄给有关专家,如此往复,经过三四轮意见比较集中后,进行数据处理与综合得出结果。每一轮时间7~10天,总共约一个月即可得到大致结果。如果时间过短,因专家很忙难于反馈,时间过长则外界干扰因素增多。

案例分析

借势"神舟五号",蒙牛直指乳业第一宝座

2003年最引人关注的是什么?毫无疑问,是"神舟五号"顺利发射和回收。

2003年最火的乳业公司是谁?如果按媒体的曝光率和评论频率来算的话,无疑是蒙牛。

蒙牛能引起如此大的反响,其最大的举措就是赞助中国航天集团,成为"神舟五号"的重要赞助商和乳业唯一赞助商。但是,这只是一个前提而已,要达到这样的效果,没有一定的策划方法和手段,是不可能有如此轰动的影响效果的。

蒙牛的成功,不仅仅是依靠蒙牛人的辛勤劳作,更是众多专家共同努力的结果。在蒙牛的策划会上,策划人提出思路,像赞助"神舟五号"这样的事必须是靠终端活动,比如说蒙牛为什么能成为中国航天员的专用牛奶,是因为它过硬的品质,召开一次类似的专家讲座或活动,以专家身份引导消费者饮用蒙牛牛奶放心而且会拥有像航天员一样的体质,并建议蒙牛的一切公关活动需提早紧锣密鼓和选择恰当的时机。

围绕"神舟五号",蒙牛组织了数十次专家讨论会议,所邀请的国内外专家达数百人,有了这些专家共同为蒙牛出谋划策,蒙牛占领国内媒体和大众的"眼球"就不足为奇了。

能够巧妙借助"神舟五号"打造企业品牌,是因为蒙牛人熟练地应用了"德尔菲法"。

(4)系统分析策划法。将一个项目看作由若干个子系统相互联系的有机整体,通过揭示影响各个子系统运动的各项要素及其相互关系,提出最优方案的方法,如图1-4所示。系统分析策划法的步骤:确定目标—制订方案—评价方案—方案选优—制定实施。

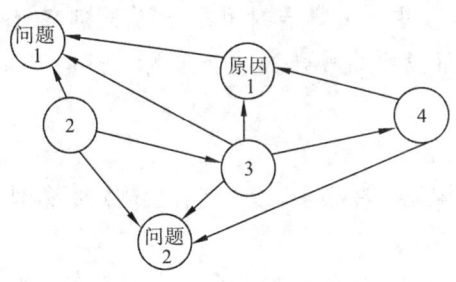

图1-4 系统分析策划法

案例分析

李嘉诚暗度陈仓——"九龙仓收购案"

1978年,李嘉诚根据当时的经济形势,进行公司战略的调整。他预计香港80年代将出现"官地有限,股市低迷"的经济形势,就决定把收购作为战略方针。

李嘉诚首先选中了"九龙仓"公司。九龙仓是老牌英资企业怡和财团的台柱企业,

在香港有上百年的经营历史。九龙仓建楼出租,现金回收缓慢。由于盈利增长幅度不大,发行债券集资,股价很低。

李嘉诚不动声色地收购九龙仓股票,但很快香港船王包玉刚、汇丰银行相继加入争夺,谋取九龙仓的控制权。此时,李嘉诚对局势进行分析,自己如果再坚持收购九龙仓,"三强"竞争结果将是互有伤亡,九龙仓谁也无法控股。李嘉诚决定调整战略,退出九龙仓之战,改为收购另一英资企业——和记黄埔。

于是,李嘉诚约见包玉刚,经过20分钟商议,将手中的9万股九龙仓股票转卖给了包玉刚,而包玉刚则将自己手中的和记黄埔股份转让给了李嘉诚。

李嘉诚适时调整战略,获得了三大利益:一是转让股票获利5 900万元;二是和包玉刚建立了信任和友谊,从包手中购得和记黄埔股份;三是顺利收购和记黄埔,为长实的发展进一步奠定基础。

 拓展提高

会展策划中展览设计的相关规定

各国、各地的展览会对会展策划展览设计、施工都会有各种各样的管理规定和限制。很多规定和限制是与维护公共安全和公共秩序有关的。

1. 有关展台的规定

(1)高度限制。展览会对展架及展品都有限制规定,尤其对双层展台、楼梯、展台顶部向外延伸的结构等限制更严,限高往往不是禁止超高,如果办理有关手续并达到技术标准,有可能获准超高建展台、布置展品。

(2)开面限制。很多展览会禁止全封闭展台,如果展台封闭,展览会就失去展示作用,参观者就会有抱怨,但是展出者需要封闭办公室、谈判室、仓库等。因此,协调的办法一般是规定一定比例的面积朝外敞开。这个比例一般是70%,允许30%以下的面积封闭。

2. 有关展览用具的规定

(1)展架展具材料的限制。在很多国家,展览会规定必须使用经防火处理的材料,限制使用塑料,限制危险化学品。

(2)电器的规定。绝大部分国家的展览会对电器都有严格的规定,所用电器的技术指标必须符合当地规定和要求。

3. 有关人流的规定

走道限制。主要是对走道宽度的规定和限制,为保证人流的畅通,展览会规定走道宽度,禁止展出者的展台、道具、作品占用走道;电视、零售商品往往造成堵塞,因此也有相应的要求,比如电视不得面向走道,柜台必须离走道一定距离等。

4. 有关消防的规定

(1)消防环境的规定。如果是大面积的展台,必须按展馆面积和预计的观众人数按比例设紧急通道或出口并设标志。

(2)人员的规定。有些展览会要求展台指定消防负责人,并要求全体展台人员知道消防规定和紧急出口等。

(3)消防器材的规定。必须配备消防器材。

5.有关展品的规定和限制

主要是对异常展品包括超高、超重展品的规定。比如限高,只要展馆高度足够,就可以与展馆商量解决;超重展品可以使用地托,分散单位负荷。超高超重展品一般需要先于其他展出者的展品进馆。如果遇有难以解决的问题,要尽早与展览会组织者或展馆所有者商量。只要这类展品对展览会有宣传价值,组织者就会愿意积极协助。

6.有关环境的规定

(1)音量限制。背景音乐由展览会组织者安排,展出者的声像设备的音量必须控制在不影响周围展出者的范围内。

(2)色彩限制。若展览会组织者想取得协调效果,往往会提出色彩要求。要求展出者使用某种基本色调或标题色调。展览会还可能会提出标题字型、大小,这方面的规定大多比较宽松。只要遵守规定,并且不干扰周围展台(比如噪音太大),展出者一般可以任意设计展台形状、摆置展品、使用颜色。

7.有关劳工的规定

很多国家(尤其是发达国家)规定,展场劳工必须是工会注册工人,不允许展出者自己动手。比如在美国纽约,如果展出者拿起锤子想钉根钉子,当地工人就会夺下锤子阻止他干活。美国人剥夺你的"劳动权",听起来很荒唐,但是却是事实,还必须遵守。

8.有关手续的规定

展览会大多要求展出者将设计送审,并要求展出者施工前办理手续。

 思考练习

一、选择题

1.(　　)是成功策划展览的第一步工作。
　　A.展览项目立项　　　　　B.项目可行性分析
　　C.会展市场调查　　　　　D.定量分析

2.会展市场调查是一系列调查事项和阶段的组合,最后一个阶段的工作是(　　)。
　　A.调查方案的设计　　　　B.调查资料的收集
　　C.调查资料的整理和分析　D.调查报告的撰写

3.(　　)的对象是该会展和各种执行方案,分析的重点是各种执行方案是否合理、是否完备和是否可行。
　　A.会展执行方案分析　　　B.会展立项策划方案分析
　　C.会展活动方案分析　　　D.会展现场管理方案分析

二、简答题

1.简要叙述策划的特征。

2. 简要叙述会展策划的程序。
3. 以小组为单位,分别举例叙述会展策划的方法。

学习任务 2　会展文案概述

 任务概述

会展文案是以语言文字为主要工具,记载和传达会展信息的各种文书材料及其整理归档后的案卷。它是在会展管理和会展活动中形成并使用的,通过本任务的学习,应多从思想认识、专业知识、文案阅读和写作练习等方面要求自己,为学好课程奠定基础。

 任务目标

- 了解会展文案的相关概念
- 掌握会展文案写作的重要性
- 掌握会展文案的种类及写作要求等相关理论知识

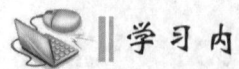 **学习内容**

一、会展文案的含义

会展文案,又称会展文件,是在会展活动中使用的书面文字材料的总称。例如决议、决定、会议纪要、会议公报、会议公告、议案、会议报告、会展合书、意向书、条约、协定、宣言、声明、开闭幕词、会展申请等。也就是说,会展文案既可以指当前正在运转、发挥现实效用的会展文件或会展文书,又可以指经过系统化整理立卷并归档、正在或即将发挥历史效用的会展档案。

从信息学的角度来看,会展活动的过程是一种信息集散和信息互动的过程。其来源主要有以下两个方面:会展管理过程中产生的信息;会展活动本身产生的信息。会展信息的载体多种多样,若用纸质或电子载体记录文字和图表类会展信息,就形成了会展文案。

二、会展文案的构成要素

会展文案的构成要素由信息要素、符号要素、符号形式和物质材料四部分组成。

1. 信息要素

会展文案是记载和传递会展信息的重要工具(图1-5)。

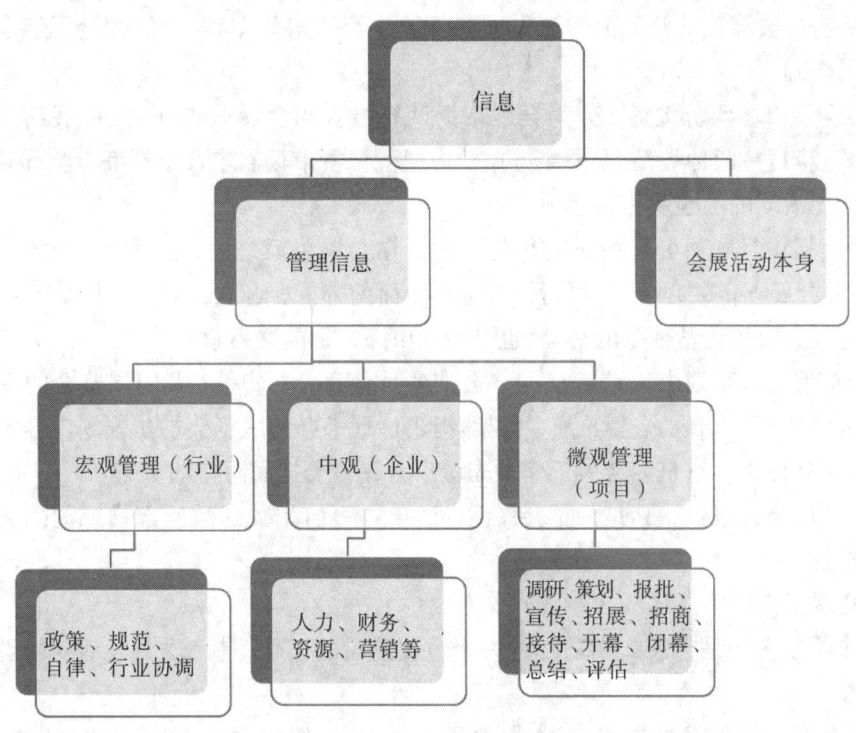

图1-5 "信息"要素组成

2. 符号要素

会展文案所使用的符号系统主要有文字符号和图形符号两大类型。文字符号是记载和表达信息的主要工具。要具备驾驭语言的高超艺术,达意得体;也要做到书写规范。图形符号包括图像、照片、图表以及具有指示和象征意义的符号。其作用主要是补充文字符号所表达的信息。

3. 符号形式

符号形式是文章内部结构元素的组合方式以及结构布局的表现形式。特定的结构元素的组合方式和结构体例用于表达特定的主题,具有特定的传播对象,适用于特定的沟通目的。组成会展文案的各项书面视觉要素的形体样式包括各种文字、图形、结构元素、段落的字体、字号、位置和标注方式等。

4. 物质材料

物质材料包括纸质类和电子类两种类型。纸质类要根据具体的发布目的和对象选择,如新闻纸发布新闻。电子类是电子公文在计算机终端的显示,它的外观格式必须与纸质公文一致,并具有纸质公文同等的法定效力。

三、会展文案的种类

会展文案的种类可以根据不同的划分依据分成不同的种类。本书主要以会展操作过程、文案形成的时间阶段,将会展文案分为以下几种类型:

1. 会展计划、组织阶段文案

会展计划、组织阶段文案是指一次会展从确定展览题材、搜集信息、进行展览项目立项策划一直到会展正式开幕前的预先准备阶段涉及的相关文案,它们为会展活动成功举办奠定了基础。

(1)会展市场调研文案。分为会展市场调查报告和会展调查问卷(参展商调查问卷和观众调查问卷)两种类型,会展主办单位应通过分析市场需求及参展商、观众的需求,来确定该会展活动的主题及相关事项。

(2)会展项目立项可行性研究报告。它是在会展决策之前,运用专门的技术经济方法,对拟办会展项目的必要性、可行性等进行全面的分析、预测、计算、评估和论证,为选择会展决策方案提供科学依据的活动,也是会展申办审批的必备材料。

(3)会展立项策划书。它是根据掌握的各种信息,对即将举办的展览会的有关事宜进行初步规划,设计出展览会的基本框架,提出计划举办的展览会初步规划内容的文本。

(4)会展计划。它是为会展工作预先做出打算和安排而写作的文案。

(5)会展申办报告。它是为了会展活动的申办而向相关的政府部门或国际会展组织拟写的报告。

2. 会展运作阶段文案

运作阶段文案是会展文案写作的一个重要阶段的工作,是一次会展活动能否取得成功的关键。

(1)会展招展和招商文案。它包括会展招展方案、招商方案、会展招展、招商函等,目的是为了招揽到合适的企业参展,吸引参展商需要的贸易观众前来参观并进行贸易洽谈,是展览会取得成功的基础。

(2)会展招标和投标文案。它是在围绕会展项目进行的招标投标活动中所产生的文件的总称,是会展活动主办方得以进行下一步活动的前提。

(3)参展商、观众邀请函。参展邀请函是一种以个别发送的方式邀请特定的法人、其他组织或个人参展的文案。观众邀请函是办展机构根据展会的实际情况编写的、用来进行展会招展的一种宣传单。

(4)会展信息发布稿。它是大型展会的组织者用简洁明了的文字及时向参展商、专业观众、新闻媒体等发布新近发生的会展信息的一种文案,是将会展信息广而告之的一种方式。

(5)参展说明书。又称参展商手册,是办展机构将会展筹备、开幕以及参展商参加会展时应注意的相关事项汇编成册,以方便参展商做好参展准备的小册子。

(6)会展相关活动策划文案。会展相关活动的策划文案较多,也包括会展接待方案。目的是为参展商和贸易观众提供良好的附加服务,提高展会的形象和档次。

(7)会展意向书。它是会展活动过程中当事人之间表达合作愿望的文书。会展意向书没有法律约束力,它往往是会展合同签订的前奏曲。

(8)会展宣传推广文案。它包含会展宣传计划、会展广告文案等,会展宣传工作贯穿会展活动的全过程,目的就在于宣传会展,提升会展活动的形象。

(9)会展契约文案。它包含会展业务合同及会展协议书等,即会展承办单位为了会展活动与会展活动涉及的单位之间签订的业务合同、协议书等。这类文案具有法定效力,能够为会展活动合法化提供强有力的依据。

3. 会展实施阶段文案

会展实施阶段文案主要是指会展活动实施过程中涉及的相关文案,它们是进一步宣传和推广会展活动的有力方式和工具。

(1)会展新闻稿。又称会展消息,是用简洁明快的文字迅速、及时反映新近发生的会展事件的一种新闻文体。

(2)会展记录。它由会议记录和展览记录构成。会议记录是由会议组织者指定专人,如实准确地记录会议的组织情况、会议进程和会议内容的一种原始文书。展览记录是展览举办期间用以记载接待和现场情况的原始性文件。

(3)会展通讯。会展通讯是办展机构根据展会的实际需要编写的、用来向展会的目标客户通报展会有关情况的一种宣传资料。

(4)会展简报。它是在会展期间为反映会展活动进行情况而出版的简报。

4. 会展总结、反馈阶段的文案

(1)展后调查问卷。它是会展活动举办后期针对一次会展活动获取反馈信息的一种重要方式,是会展活动总结的一个前提和基础,也是必不可少的一个环节。

(2)会展评估报告。评估工作的作用和意义在于为判断已经做过的所有工作的效果提供依据和结论,并为提高以后工作的效率提供经验。会展评估报告就是让主办单位根据评估的结论和建议,及时调整会展发展方向、运作管理方式等,扬长避短,以此来完善自己的会展品牌。

(3)展后总结报告。展后总结报告是每次会展活动后期工作的重点,只有不断总结,才能有所提高。展后总结是管理工作的组成部分,总结的功能作用是统计整理资料、研究分析已经完成的工作,为以后的工作提供可靠的依据、经验和建议。

(4)展后信函。展后信函是建立信息库的一种有效方式,也是建立良好的客户关系的有效途径。

四、会展文案的特点(图1-6)

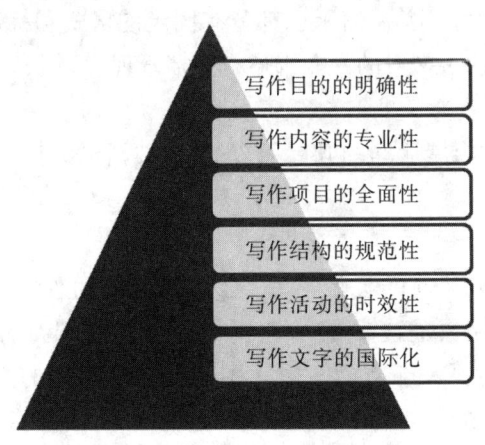

图1-6　会展文案特点

1. 写作目的的明确性

会展文案的写作围绕着会展活动而进行,因此,其目的性十分明确,就是为了整个会展活动服务。比如展会调查问卷中的专业观众调查问卷与展商调查问卷就是为了作为考量展览效果的重要依据,主办方在问题的设置上以今后方便组织更为专业的观众以及参展商为目的。参展商手册所包含的内容对参展商进行筹展、布展、展览和撤展等有较大的指引作用,也对参展商邀请其老客户来展会参观有一定的辅助作用,无法体现以上作用、无法体现会展文案写作目的明确性特点的内容就不能编入参展商手册。

2. 写作内容的专业性

会展行业需要将经济、营销、公关客户管理、礼仪、旅游、设计等多种学科知识相结合,涵盖较广的知识面,是综合性较强的行业。在写作中,文案会涉及不少相关的专业知识,使用较多的行业术语,反映行业活动的具体情况。比如参展说明书中需要写作主题、遣词造句要符合行业习惯和规范,要使用行业熟悉的语言,所涉及的术语要符合行业规范,内容编排也要符合参展商筹展的筹备程序等。

3. 写作项目的全面性

会展文案写作围绕会展管理和服务的宗旨,在写作中以会展活动参与各方为主要服务对象,写作项目注重详细、全面,才能更好地为会展活动服务。如参展说明书提到的各项内容要尽量详细,对布展和撤展加班时间的规定可以具体到时和分钟,对表格的返回最后期限的规定具体到某月、某日等,以便有利于展会具体操作和管理;参展说明书对展览场地基本情况的说明中,展馆入口的高度和宽度、对展馆的地面承重能力、对消防的注意事项等要一一列明,不能遗漏,如果没有提到展馆入口的高度和宽度,就有可能会使一些较大较长的物品进不了展馆,现场操作随即就会出现问题。

4. 写作结构的规范性

会展文案写作结构的规范性,是指格式、形式上应当符合行业需求和规范。比如参展商表格具有固定而规范的表格格式;参展说明书需要使用规范的格式以便向行业目标客户及潜在的合作伙伴传播展会相关信息;会展合同、招投标文件的结构体式都要符合法定的规范及标准;展览企业对外文件、信函也都具有固定的格式和标准化的要求,以便于会展活动管理及行业需求,便于文案的专业沟通及归档管理。

5. 写作活动的时效性

会展文案围绕着整个会展活动的开展而进行,只要活动结束,前期、中期写作的文案也将自动失去效力。

6. 写作文字的国际化

如果需要举办一次国际性的会展活动,会展文案的写作还会注重文字使用的国际化需求。比如参展说明书的内容编排和制作要尽量做到符合国际参展商的需要,除了要有中文的文本,还要有外文的文本。围绕着会展活动的主要参加对象,文案需要进行相关的翻译。外文文本的参展说明书,是海外参展商筹备各项参展事宜的依据,因此,翻译工作一定要细致准确,否则,将会给参展商参与会展活动带来极大的不便。

五、会展文案的作用

1. 提供信息服务

及时了解和更多地掌握会展活动的相关信息是参展商成功参展的基础。在会展活动期间,参展商可以通过使用互联网、媒体等方式获取会展信息,而会展文案写作的目的正是为了使参加会展活动的各方获取更多的相关信息,通过各种媒介将文案发布,以便使会展活动顺利进行,比如参展说明书、会展通讯等。

2. 记录会展活动

会展文案是记录整个会展活动的文字凭证,它真实地记载会展活动的全过程,并通过各种文案的拟写,将会展活动各环节的工作进行必要的记录,然后进行分析、归纳和整理,更好地为会展活动服务。

3. 实现沟通交流

会展是一项信息密集的交流活动,文案则是促进会展参加对象之间信息交流与沟通的一种有效的方式。比如会展简报、商品介绍等会展文案能使信息以最快的速度在参加对象间相互交流,会展宣传手册还能介绍会展情况与信息,从而发挥其沟通思想、交换意见、宣传品牌、达成交易等作用,为会展活动各方的沟通交流奠定文字依据和基础。

4. 促进规范管理

会展文案与别的文章不同,在促进规范会展管理方面起到不可忽视的作用。比如会展可行性研究报告能够为会展活动的顺利开展提供依据;会展合同能为会展服务和管理提供具有法律效力的保障。会展活动中所拟写的各种文案,反映的是整个会展活动过程中的组织、开展及总结等相关情况,在会展活动结束后,可以为今后查找文档提供可靠的依据。

六、会展文案写作的性质及特点

1. 会展文案写作的性质

会展文案是一种应用写作活动,是目的性极强的写作活动,是特殊领域的应用写作活动。用公式可以表示为:

经济文书的"准确"+公务文书的"高效"+礼仪文书的"得体"

2. 会展文案写作的特点(图1-7)

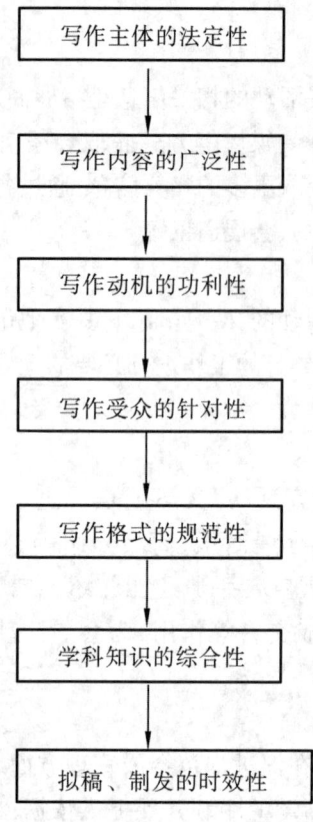

图1-7 会展文案写作的特点

图1-7中,写作主体的法定性是指发布和传递会展文案的主体是合法组织;必须体现法定社会组织的意志;会展文案的发布必须获得法定主体的核准或授权。

七、会展文案的写作要求

1. 主题明确集中

任何一次会展活动都具有一个明确的主题,参展各方的展示或相关活动均应围绕主题展开。比如招展书的写作内容包括以往展会的简介及回顾、展品的范围、宣传方式、收费标准及报到程序等,体现吸引参展商选择此展会的目的及充分的理由,并且让有意向的参展商明确参展的作用、收费标准以及如何参展等主题,写作中就应当紧紧围绕着明确的主题进行拟写。2006年第十一届越南国际电讯及资讯科技展览会的展会招展书的封面,清晰而明确地印制了展会名称、展会举办的时间和地点、主办方、承办方、合作方等,主题明确,办展翔实,给参展商积极参与会展活动在心理上提供了一个强有力的信赖和保证。

2. 材料真实可靠

会展活动中的骗展情形时有发生,归结起来大致有以下几种情形:

(1)扯虎皮当大旗。许多骗展者在组织展会时最喜欢将"中国"挂在展会名称的最前面,以示国家级;不能用"中国",就用国务院某部委办或者"××省""××市"等,以增加官办色彩。然而,国家早有明文规定,挂"中国"字头的必须由商务部审核批准;挂"国际"字头的要有相关资质的展览公司才能承办。

(2)挂羊头卖狗肉。骗展者摸准了许多技术性较强的企业喜欢参加专业展会,于是投其所好,分别设计了多种专业性专题展会向企业发出参展邀请。由于信息不对称,企业无法了解到招展商的真实目的,于是稀里糊涂签了参展合同,交了款。可到会场一看,所谓的专业展会却是一个"大杂烩"。广交会旧馆曾举行过一个所谓的行业展,承办者分别向五六个大行业里的小行业发出了六个版本的招商邀请。直到开幕当天,参展商们才知道,号称五六百个企业参加的展会,实际才来了不到一百家;参展商将手里的合同一对照,发现招展商竟用了五六个展会的名称骗他们来参展。

(3)偷换概念,投机取巧。在2006年秋交会期间,一些骗展者为了降低成本,租用了租金较低的场地。但为了骗外地参展商,就在地理概念上大做文章,拼命往广交会会馆上靠。举办展会的场所离在琶洲举行广交会二期的广州会展中心少说有20多分钟的车程,可"巧"用了珠江概念,说隔江相望、一江之隔等;还吹嘘"乘坐展会提供的专用巴士行经华南快速干线只需5分钟"等,参展商来了以后才知受骗。

3.表达方式使用正确

会展文案写作属于应用文范畴,因此,在写作中应主要使用说明、叙述表达方式为主,还可以少量使用议论、描写等表达方式,一般不使用抒情。比如在展会项目立项策划中,办展时间的写作部分主要运用说明的表达方式向参展商详尽地介绍展会活动的各种时间安排。

案例分析

开幕时间:2011年12月19日上午8点30分

展览时间:2011年12月19日~22日,每天上午9点至下午6点

观众开放:2011年12月19日~22日,对专业观众和一般群众都开放

筹展时间:2011年12月16日~18日,每天上午8点至晚上7点

撤展时间:2011年12月23日~24日,每天上午9点至晚上6点

4.结构严谨规范

会展文案的结构方式应根据文案的不同而有所区别,但都需要结构严谨而规范。比如会展合同写作中,应当遵循以下结构要求:首部需要拟写合同标题、签订合同当事人的名称或姓名和住所。正文分开头、主体和其他条款三部分拟写。开头写明合同订立的依据、目的,双方是否自愿订立等内容;主体具体表述合同的各项条款;其他条款包括合同的书写文字及其效力(用于涉外合同)、合同生效的条件、有效期限、合同文本数量及保存方式等条款。尾部由合同各方当事人(或代表)签名并加盖公章。写明合同订立时间、当事人的法定住所。账号和通信方式也可写在各方签署的下面。

5.语言精练准确

会展文案的写作尤其应当注意语言的正确使用,语言的精练准确是会展文案写作的

具体要求。

(1)语言简洁明了。这就要求在进行会展文案的写作过程中,行文尽可能篇幅简短,用词不重复、啰唆。

(2)语言表意明确。这就要求在进行会展文案写作过程中,语言使用力求单一,不产生歧义,句子正确。

案例分析

第六届××啤酒节于今天上午在××市时代广场隆重开幕,市长张××、副市长王××和其他市领导出席了开幕式。

简评:"其他市领导"既可指本市的其他领导人,也可以指其他市的市级领导,很容易引起歧义。

八、会展文案写作学习要求

1.思想高度重视

本课程的学习是在会展其他专业课程开设的基础上进行的,其涉及的学习内容与会展从业人员今后的工作密切相关,因此不能偏废。通过本课程的学习应该有一个清晰的认识,简言之,课程的学习是为会展活动更好地开展提供依据和管理,了解并掌握相关的写作知识要求,是一名会展专业人员必备的基础,只有思想上高度重视,才能为本课程的学习打下良好的思想基础。

2.专业知识扎实

会展文案的写作涉及会展活动的方方面面,写作者只有具备扎实的专业知识才能较好地完成写作任务。因此,写作主体必须认真学习相关的会展专业知识,打下良好的专业基础,具备一定的文案写作能力,才能不断地提高自身的业务水平。

3.认真阅读文案

会展文案的种类较多,写作结构比较烦琐,因此,认真阅读和观摩文案是学好会展文案写作的又一要求。在阅读前,首先要了解会展文案的写作结构和要领,在此基础上,再结合阅读相关的优秀文案例文,更好地把握文案的写法,真正达到阅读文案应有的效果。

4.加强写作练习

文案的写作需要具备扎实的语言文字表达能力,这是写好会展文案的关键所在。要增强写作练习训练才能逐步培养自身的文字表达能力,写出更能符合会展活动的相关会展文案。

特别提示

全球十大会展公司

1. 法兰克福展览公司(德国)

http://www.messefrankfurt.com/frankfurt/en.html

法兰克福展览会展公司(中国上海)

http://www.messefrankfurt.com.cn/index.aspx

2. 德国汉诺威展览公司(中国上海)

http://www.hmf-china.com/index.php?scriptlet=CMS/Start&id=773&language=cn

3. 杜塞尔多夫展览公司(中国有限公司)

http://www.mdc.com.cn/

杜塞尔多夫展览公司(中国上海)

http://www.mds.cn/

4. 德国汉维展览公司(中国广州)

http://www.hanwaymesse.com/index2.asp

5. 爱博展览集团

http://jinnanxun918.food36.com/

6. 意大利米兰展览公司(家具展)

http://www.home-jy.com/

7. 罗马展览集团

8. 迪拜展览公司

http://www.demage.cn/China/dibai/list/index.html

9. 科隆国际展览有限公司(德国)

http://www.koelnmesse.cn/fair.asp?Menu=ChildMenu2

10. 芝加哥展览公司

 拓展提高

会展文案的结构元素

会展文案的结构元素由标题、稿本、题注、作者名称或姓名、称呼、主送机关、正文、印章或签署、成文时间等构成。

1. 标题

标题结构:公文式标题/新闻式标题/复合式标题

例文1

(1)北京市人民政府关于规范会展市场、促进会展业健康发展的通知

(2)关于合作举办第五届中国国际机床展的协议书

(3)上海国际贸易展览有限公司2006年度工作总结

(4)中国国际包装展览会盛大开幕　万人齐享创意饕餮

(5)准确定位,提升内涵,创建品牌——上海××会展中心2006年度工作总结

2.稿本

稿本由草案、修正草案、讨论稿、征求意见稿等组成,标注在标题之后,用括号括入。

3.题注

题注位于标题下方,说明该文案通过、签署、发布、修订、生效等有关信息的结构元素。

例文2

上海市会展行业协会章程

(2003年7月10日上海市会展行业协会会员大会通过)

4.作者名称或姓名

会议报告和讲话、调查报告、经验介绍等,要在标题下方标明法定作者或报告人的名称或姓名。

5.称呼或主送机关

一般原则是身份从高到低;性别先女后男;尽可能覆盖全体参加对象。

6.正文

正文由开头、主体、结尾三部分构成。

(1)开头。依据目的,背景;或表达欢迎欢送、祝贺、慰问、感谢等特定的礼仪信息。

(2)主体。具体分析。

(3)结尾。提出希望或执行要求、发出号召、提出请求、表达祝愿、总结强调"特此通知"或"特此函告"。

7.落款和日期

以领导人名义发出的文案,领导人签署,一般不需加盖公章;如果是公文的话,必须有发文机关,加盖公章。

 思考练习

一、选择题

1.下列会展文案结尾写法不正确的是(　　)。
　　A.以上请示请批复　　　　B.以上报告请批复
　　C.特此批复　　　　　　　D.以上通知请贯彻执行

2.会展策划文案与一般工作计划的不同之处是(　　)。
　　A.既要有可行性,又要有创新性　　B.既要有目的性,又要有预见性
　　C.既要有目的性,又要有可行性　　D.既要有可行性,又要有周密性

3.会展文案的构成要素有(　　)。
　　A.信息要素　　B.符号形式　　C.物质材料　　D以上全都包括

4.在会展总结、反馈阶段的文案,不属于其中同类型的是(　　)。

A. 邀请函　　　　　B. 会展评估报告　　C. 展后总结报告　　D. 展后信函

　5. 会展文案具有下列哪些作用？（　　　）

　　A. 提供信息服务　　　　　　B. 记录会展活动

　　C. 实现沟通交流　　　　　　D. 以上全都包括

二、简答题

　1. 简要叙述会展文案的特点。

　2. 简要叙述会展文案的写作要求。

　3. 按会展操作过程、文案形成的时间阶段划分，会展实施阶段的文案主要包括哪些相关文案？

单元要点归纳

　　本单元主要介绍了会展策划的相关概念、会展策划的依据、会展策划的流程和方法；会展文案的概念、特点、作用、种类及写作的基本要求和会展文案写作学习要求。本单元的学习应作为全书的基础篇章加以重视，为以后单元的学习奠定良好的基础。

第二单元 会展计划、组织阶段的文案

单元概述

会展计划、组织阶段的文案是会展从确定展览题材、收集信息、进行展览项目立项策划一直到会展正式开幕前的阶段所涉及的文本文案。一般而言,会展预备阶段的文案主要包括会展立项策划书、会展项目立项可行性研究报告、参展说明书、会展招展方案、会展招展函、招展进度计划、观众邀请函、参展合同、展出工作方案、会展费用预算表、会展宣传推广计划、会展广告文案等。

本单元共包括六个学习任务,分别是:会展市场调研报告、会展调查问卷、会展项目立项可行性研究报告、展会立项策划书、会展计划、会展申办报告。

单元目标

- 会撰写市场调研文案
- 能够设计一般的会展调查问卷和调查表
- 掌握会展立项策划书的使用情况、内容结构及写作要求
- 了解会展项目立项可行性报告的使用情况、内容结构及写作要求
- 能够制定展会立项策划书
- 掌握会展计划的主要内容
- 了解会展计划、会展申办报告的使用情况、内容结构及写作要求

学习任务 1 会展市场调研报告

任务概述

会展活动是一个十分庞杂的工程。曾有业内专家统计,一次展览会由大大小小的 3000 多项事件构成。要举办一个大型会议或展览会,首先必须进行科学的立项策划,而立项策划的关键就是在广泛、深入的市场调研的基础上,充分掌握各种市场信息尤其是目标顾客和竞争者的信息,以确保未来的会展项目具有乐观的发展前景。换句话说,开展市场调研是成功举办一次会议或展览会的基础。

任务目标

- 能够理解会展市场调研报告的含义和特点
- 能够掌握会展市场调研的内容
- 会撰写会展市场调研报告

学习内容

一、会展市场调研的含义

会展市场调研就是以科学的方法,有系统、有计划、有组织地搜集、调查、记录、整理、分析有关会展产品、服务及市场等信息,客观地测定及评价、发现各种事实,用以协助解决有关会展经营决策问题,并作为各项经营决策的依据。

二、会展市场调研的内容

为了搞好会展活动,主办方需要一些基本的调研,主要包括以下内容:

1. 调研的内容

(1)了解选择什么项目作为一个城市发展会展业的基点的项目调查。

(2)关于一次会展项目的主题的调查。比如上海世博会主题:城市,让生活更美好;2009 北京奥运会主题:同一个世界,同一个梦想;2010 中国(武汉)国际妇女儿童用品博览会暨第四届中国童装盛典主题:品牌、趋势、市场。

(3)关于各大会展场馆条件以及服务水平的调查。

(4)关于参观人数的调查预测。

(5)关于同类会展活动竞争者的调查。

(6)关于会展评估等方面的调查。

2. 会展市场调研的一般方法

会展调研的一般方法是定性研究与定量研究相结合。定性研究指某一社会现象以现有的文献资料或经验材料为依据,运用演绎、归纳、比较、分类、矛盾分析等方法,对某种事物进行研究的一种类型。定量研究是运用概率、统计原理对社会现象的数量、特征、数量关系和事物发展过程中的数量变化等方面进行的研究。一般包括观察法;询问法(如个人访问、开座谈会、电话询问、邮件调查);实验法(如组织试销会、展销会、看样订货会);资料搜集法等。

3. 会展市场调研的步骤

会展市场调研是一系列调研事项和阶段的组合,包括调研目标的明确、调研方案的设计、调研资料的搜索、调研数据的整理和分析、调研报告的撰写等步骤。

明确调研目标是撰写会展市场调研的第一步,包括为什么要进行此项调研,通过调研了解哪些问题,调研结果的用途是什么。在明确了调研目标以后,还需要阐明调研的内容及确定调研问题的项目,并根据该项目设计调查问卷或调查表。设计调查问卷或调查表的同时还需明确在何处调研、找何人调研、用何种方式调研。将调查问卷或调查表等研究资料搜集齐全之后,还需对这些资料进行进一步的整理和分析,最后撰写成调研报告。

(1)调查目标的明确。为什么要进行此项调查?通过调查了解哪些问题?调查结果的用途是什么?

(2)调查方案的设计。阐明调查内容即确定调查问题的项目;设计调查问卷或调查表;明确调查地点、对象、方法。

(3)调查资料的搜集。

(4)调查数据的整理分析。

(5)调查报告的撰写。

三、会展市场调研的特点

1. 专业性要求高

问卷设计、现场访谈、统计处理、分析研究等过程中涉及许多会展行业内部、相关会展主题行业等方面的专业知识。

2. 访谈和研究对象复杂

访谈和研究对象主要为参展商(参会代表)、观众、协会、会展服务商、场馆、相关政府公务员等专业人员。

3. 政策性很强

会展活动具有一定的公共性,会展产业是带有公共性质的活动,各级政府的相关规定政策多,涉及批文、价格、渠道、广告、宣传促销等。

四、会展市场调研报告

1. 会展市场调研报告的含义

会展市场调研报告是市场调研的结晶,是提供给使用者参考以做出决策的基础。如果不能提供一份好的报告,即使调研设计得再科学、数据分析得再细致、问卷表达得再清晰、数据质量控制得再好,也不能达到市场调研的目的,不能为市场决策提供有效依据。

因此,写好会展市场调研报告十分重要。

2. 会展市场调研报告的结构与写法

会展市场调研报告的结构一般包括以下主要内容:标题、目录、概要、研究方法、调研的局限性、调研结果、结论和建议及附录。

(1)标题。标题页一般是报告的封面。标题必须清楚地说明调研内容。设计时要尽量创造一种专业形象并能引起读者兴趣。如果报告属于机密的,应在标题页的某处标明。标题页的内容包括调研报告的题目或标题、负责机构的名称、调研项目负责人姓名及所属机构、报告日期等。

(2)目录。目录中要列出报告中的章、节及其他关键的标题和相应的页码。如果图表资料较多,可再列一份图表索引。

(3)概要。概要又称提要、主题、摘要等,其目的是对研究的结果、结构及建议作一个概述。概要应当在报告完成后撰写,概要的简洁性要求语句精练,篇幅不宜过长。

(4)研究方法。此部分主要是描述获得原始资料的方法。不仅要对这些方法进行描述,还要说明使用这些方法的必要性。如果研究中包括抽样,除了要描述样本取得的方式和决定样本大小的方法外,也应描述目标总体;要有足够的信息使读者判断样本资料的准确性和代表性。在技术报告中,要用一点篇幅来描述抽样的方法。如果使用个人访问,要描述怎样选择调研员以及如何训练他们。

(5)调查的局限性。调查报告应当说明本次调查的局限性,指出研究结果的弱点,以便在应用研究结果时考虑相关的情况。报告应实事求是地描述这些局限性,对局限性的任何夸大都会带来对整个研究结果的怀疑。

(6)调查结果。调查结果部分是将调查所得资料报告出来,包括数据图表资料以及相关文字说明。调查结果构成报告的主体,是报告的主要部分。此部分陈述通过调研得到的信息,如果资料没有经过适当筛选,读者就会感到资料和其中的数据太多而找不到调研的关键成果。

(7)结论和建议。结论部分包括对调研结果的分析和解释的简单陈述,建议部分则使得结论转化为特定的行动方案。结论的提出方式可用简洁而清晰的语言对调研前所提出的问题做出明确的答复,同时,简要地引用有关背景资料和调研结果加以解释。在此部分中,调查人员要说明调查获得哪些重要结论,根据调查的结论企业应该采取什么措施。这部分应该作为所有关键信息的一个总结。

(8)附录。附录可以形象地称为调研报告的"杂货店"。所有与调研结果有关的而放在报告正文中不利于正文逻辑次序的资料都可放在附录里,如对抽样设计的说明、决定样本大小的统计方法、统计表格、问卷等。

3. 会展市场调研报告的写作要求

一份优秀的会展市场调研报告应该符合以下几点要求:

(1)报告语言应力求精练,有说服力。

(2)报告必须结构严谨,体裁简洁,不能漏掉重要的资料。

(3)要有明确的结论和建议,并能让读者了解调研过程的全貌。

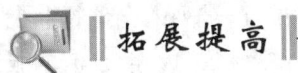

拓展提高

我国会展业的特征与发展趋势

国际市场把会展经济与旅游业、房地产并称为世界三大无烟产业,也由此成为城市名片、城市经济助推器的代名词。人类社会文明进步越快,对彼此的物质、文化交流需求也越高,由此会展在经济生活中的地位也越重要。

1. 我国会展业的发展状况

目前,我国会展业显示出强劲的发展势头,会展业的发展已成为拉动经济增长的重要手段。而会展经济1:9的概念(即展会收益比例为1,带动其他产业利润的比例是9),被市场和企业誉为朝阳产业。

会展主要包括三部分:一是博览会、展览会、交易会、贸易洽谈会等;二是各种类型的大型国内外会议;三是体育竞技运动、文化运动、大型节庆活动、民俗风情活动等。其中,最主要的部分是展览会。

2. 会展的历史沿革

我国会展的产生迟于欧洲,但与欧洲会展一样源于集市,并以集市为主要形式一直持续到19世纪末。到了清末和"民国"初期,旧中国举办过几次具有一定规模、并有现代特征的博览会和贸易展览会,例如北京的"劝工陈列所"、南京的"南洋劝业会"、上海的"中华国货展览会"、杭州的"西湖博览会"等就是当时召开展览会留下的印迹。抗战时期,也曾举办过许多展览会,目的基本是显示成就、鼓舞士气、促进经济发展、抵抗日本的侵略,这对经济发展有一定促进作用,但在流通领域的作用并不大。新中国成立后,由于实行计划经济,经济贸易展览在国内经济中失去存在、发展的土壤,只有个别展览会是贸易性质的,例如广交会。改革开放后,社会主义市场经济推动了展览活动极大的发展,并逐渐形成规模、形成行业。

近几年来,会展行业以年均20%的速度发展。目前,我国举办各类展会的直接收入超过100亿元,间接带动旅游、餐饮、交通、广告、娱乐、房地产等行业,使之收入高达数千亿元。

3. 会展业的特征

(1) 会展类型与数量日趋增多。从类型来说,分为单一国家展览、综合性展览、专业性展览。就国际展而言,专业性展览约占95%以上。据不完全统计,全国主要的行业展包括电子展、轻工展、食品展、石化展、汽车展、纺织服装展、建材展等。专业展中较成熟且在国内外影响较大的有:北京的国际机床展、国际汽车展、国际通信展、纺机展等,面积一般在4万~6万平方米。这些展览在其同类展中占有重要的分量,在亚洲乃至世界均有一定的影响。现在每年全国举办的各类展会3 000多个,参展企业500多万家,参会观众近2 000万人次。

(2) 会展质量逐步提高。我国展览会现已总体向大型化、专业化发展,目前已有一批专业展逐渐成熟壮大,形成了全球知名的展览会,像在北京举办的机床展、纺机展、冶金铸造展、印刷展和广州的照明展已跻身国际同行展的前四名,珠海国际航空展成为亚洲第二大航展。这些展览会在展览规模、服务水平等方面已接近国际水准,已被列入全球行业展览计划。近年来,消费品专业展也愈加繁荣,例如北京的春秋国际服装展,大连、宁波的服装节,上海的国际家具展,广州的美容美发展都逐步走向品牌化。我国厂商参加国际展的比例逐渐上升,已由20世纪80~90年代的20%增至现在的50%。参展的展品和装修水平也逐年提高,像通信展、汽车展的装修水平不亚于国外的参展公司。

(3)会展场馆规模不断扩大。随着许多大型展馆的建设表现为改建或扩建,大多数城市展馆在建设中将展馆规模、城市的功能定位和会展辐射范围等联合加以考量,展馆建设为会展城市的定位树立了标杆,不再仅仅是城市的标志,而是将其主要功能与城市发展融入区域经济发展和全国经济发展格局中。例如广州新国际会展中心的建成是珠三角(广交会)会战市场的需求,也是广州城市发展的要求;大连星海会展中心二期是大连在东北会展经济带发展中占据龙头地位的关键所在。近年来,我国展览面积年均增长20%,至2005年,已经超过了号称"世界会展之国"德国的展馆面积,拥有一批具有国际水平的现代化会展场馆。但综观国内各大展馆的经营情况,中西部二级城市的大部分展馆利用率低,市场化之路步履维艰。

(4)会展公司层出不穷。目前经商务部批准,承办来华展览资格的会展公司有197家,承办出国展览资格的会展公司有196家(其中不含民营公司)。特别是20世纪80年代以来,香港及海外的展览公司通过将国内有关单位作为合作伙伴,已在国内展览业占有重要位置。据不完全统计,现在国内举办的国际专业展会有将近40%的香港或海外公司参与。会展公司越来越多,但同时也出现办展水平良莠不齐,会展市场出现总体办展质量不高的问题。

(5)会展专业化、国际化程度提高。我国的会展业正向专业化、国际化和品牌化发展,这主要表现为:首先,我国会展加入国际展览联盟数量增加迅速,根据UFI报道,目前为止为19个。其次,国际资本运作加强。德、英、美、新加坡等国际会展业巨头通过资本运作,寻求低成本扩张,先后进入发展中国家市场,如德国在浦东上海新国际博览中心投资和运营管理。再次,展会收购增加。一些跨国公司收购我国展会数量增加,如德国汉诺威展览公司直接收购了上海一个较有名气的地面装饰展览会。最后,会展移植。外国会展企业将一些国际名牌会展项目移植我国,如德国汉诺威展览公司把国际信息和通讯技术领域最大的CeBIT展览会移植上海举办。通过跨国项目运作满足了国际市场贸易需求并达到抢占世界会展市场份额的目的。此外,中外联合办展。如2009年上海汽车展可谓中德合作的国际化高水平的杰作之一,它引领了我国展览业向国际化、专业化方向发展。

近年来,随着我国经济的持续快速增长,以及与世界各国的经济贸易进一步加强,我国会展产业进入了快速发展期。随着展览专业化、市场化和国际化水平的不断提高,涌现出"广交会""厦洽会""医博会"等一批具有国际影响的知名品牌展会。从展览的类型、数量、规模、水平和影响来看,我国已成为亚洲的会展大国,并正逐步成为亚洲地区的区域性"会展中心"。

4. 会展城市区域格局初步形成

会展产业作为区域经济发展的"晴雨表",通过区域产业和资源的依托,并随着经济区域化的深化,我国会展经济区域化的雏形已初步形成。当前,会展经济在北京、上海、广州、深圳、大连等第三产业发达城市已迅速崛起,并出现南、东、北三大"会展城市战略生态群",即分别以广州、上海、北京为代表的珠江三角洲、长江三角洲、京津为中心的三大会展城市战略生态群。随着世界经济全球化、我国经济持续增长及新建会展场馆不断增加,我国会展经济市场呈现重心东移态势。2005年,全国举办会展最多的省市首推上海,北京次之,广东最为活跃。从会展收入看,广东、北京和上海占据了垄断地位,占全国会展收入的近90%。在这三大会展经济产业带的引领下,以及与东北会展经济带及中西部会展城市经济带的相互协调,构成各具特色、多层次的会展经济发展格局。

(1) 三大市场经营主体角逐。目前,作为市场主体的展馆、展览公司体制已呈多元化,民营展览公司发展势头迅猛。除贸易促进机构和各类协会等举办机构外,已拥有国营、股份制、民营和中外合资等不同性质的大批专业展览公司,基本形成国营、中外合资、民营三大市场主体。据不完全统计,广州市具有展览经营权的企业超过500家,注册展览公司200家左右,其中90%以上是民营企业。目前,我国会展市场的三大经营主体角逐,而且会展市场中出现管理体制不顺、缺乏法律规范、展馆建设过热、市场竞争无序、行业组织建设滞后等现象,这将致使该行业的平均利润下降。

(2) 会展产业市场化程度加深。我国会展业当前的市场化主要表现为"会展项目举办市场化""会展企业经营"和"会展产业制度建设"三个方面。首先,政府展览市场化已成为行业改革中的重点,部分政府展览会已通过重组、拆分、合资、兼并等方式进行市场化运作,产权和管理权成为改革的焦点,特别应该关注在此过程中的国有资产的流失问题。其次,会展企业的市场化由于民营和外资企业的增加,促使经营主体的经营意识和观念发生较大变化,会展企业市场化主要体现在现代企业制度建设上,如企业组织机构、经营模式和管理手段、企业信息化改造、人力资源建设能力等方面。最后,我国会展经济处在发展的重要关口,会展业政策、制度建设随着国家发改委"中国会展业中长期规划"的研究和中国会展经济研究会的筹建将在政策理论上有一个新的突破。

(3) 跨国会展企业真正"落地"我国。2004年是我国会展业的整合期,这在会展主题上表现为中外的融合、会展的互动、主题的细分等。我国会展企业在和这些跨国公司"血战"时,必然产生展会品牌利益格局的再次分配。就展会主题而言,市场细分化、专业化成为发展的方向,进一步增加会展的内涵,提供高附加值的会展文化显得必要。据不完全统计,目前国内举办的国际专业展将近40%有境外公司参与。尤其是WTO的全面实施,标志跨国会展企业真正"落地"我国。2005年10月,德国法兰克福展览公司与广州光亚展览贸易公司签署合作协议:双方合作组建"广州光亚法兰克福展览公司",该公司是我国展览业投资最大的一家中外合作公司之一。2005年11月,继法兰克福登陆广州取得成功之后,德国的另一家展览大贾即美沙展览集团也宣布正式登陆广州展览市场,与广州振威展览公司举办的品牌展GIMT(广州国际机床展)进行合作,引进德国顶级金属加工展(AMB),并举办了亚洲顶级的

"GIMT + AM – BCHINA"（机床金属加工展）等等。

（4）会展人力资源建设能力提高。随着我国会展业的发展，会展理论教育将形成一个各具风格、本土化特点明显的格局。目前，我国会展理论教育在专业实践理论、学术探讨理论、规划课题研究理论，以及中等、大专和本科包括研究生专业教育方面各成体系，这为我国会展业人才的培养提供了有力保障。另外，随着高等院校在会展学位专业教育和职业教育两大市场的蓬勃发展，一个由20所各层次的学校、十余所会展研究机构、多个会展职业培训单位组成的中国会展教育培训研究体系基本形成，我国会展人力资源能力也将进一步得到提高。

会展业作为我国服务行业的新生事物，已逐步发展成为我国经济的新的增长点。从会展业影响面广、关联度高来看，大力发展会展业对全面提升社会经济有着积极的贡献。

思考练习

一、填空题

1.＿＿＿＿就是以科学的方法，有系统、有计划、有组织地搜集、调查、记录、整理、分析有关会展产品、服务及市场等信息。

2.会展调研的一般方法是＿＿＿＿与＿＿＿＿相结合。

3.会展市场调研的特点是：＿＿＿＿、＿＿＿＿、＿＿＿＿。

4.＿＿＿＿是市场调研的结晶，是提供给使用者参考以做出决策的基础。

5.＿＿＿＿一般是报告的封面。

二、简答题

1.简述会展市场调研的含义。

2.会展市场调研的内容有哪些？

3.简述会展市场调研报告的结构部分。

学习任务2　会展调查问卷

任务概述

一份有深度又能准确反映情况和分析问题的调查报告，可以成为组织者制定方针政策、解决问题的有力依据，但如果调查报告中的资料、数据丢失，则可能导致做出错误判断，失去其调查意义，因此，做好调查工作是写好调查报告的必要前提，调查方法很多，如开调查会、个别访谈、现场察访、统计调查、网络调查等。其中，问卷调查作为一种省时省力,又能对事物进行比较全面系统调查的方法在日常工作中备受青睐。

任务目标

- 了解会展调查问卷的含义
- 掌握会展调查问卷的结构与写法
- 了解问卷项目的设计

学习内容

一、会展调查问卷的含义

会展问卷调查是运用问卷的方式向参展商、客商和普通观众收集参加会议活动的意向、意见和要求的文书。会展调查问卷作为实现调查目的和搜集数据的必要手段,在设计中的要求也更为严格,调查项目的不同提问方式、提问方法,甚至题目编排顺序都会影响调查资料的真实性。

二、会展调查问卷的结构与写法

1. 前言

前言一般包括标题和问卷说明。

(1)标题。标题是写明调查的主题和文种,如《广交会参展商问卷调查》《广东体育用品博览会观众调查问卷》。

(2)问卷说明。问卷说明是向被调查者简单阐释本次调查活动的目的、意义、用途、范围、指标解释、填写须知,以引起被调查者的重视和兴趣,并感谢调查对象的支持与合作。如涉及为被调查者保密的内容,必须指明予以保密,不对外提供等,以消除被调查者的顾虑。问卷说明也可以信函的形式出现,格式上有称呼,也有落款。落款写明调查的组织机构名称和日期,较为简易的调查表也可省去这部分。

2. 正文

正文一般包括被调查者信息、调查项目和调查者信息。被调查者信息主要是了解被调查者的一些主要特征,如参展企业的名称、地址、规模、所在国民经济行业、职工人数等,观众的姓名、性别、年龄、职业、受教育程度等。调查项目是调查问卷中最重要的部分,直接影响整个会展调查的价值,由于采用问卷的形式,因此,调查问卷的主体内容主要根据调查目的提出调查的问题和可供选择的答案。调查者信息是用来证明调查的执行、完成和调查人员的责任等情况,并方便日后进行复查和修正,一般包括调查者姓名、调查时间、地点等情况。

3. 结束语

结束语在调查问卷的最后,简短地向被调查者强调本次调查活动的重要性以及再次表达谢意。如"为了保证调查结果的准确性,请您如实回答所有问题。您的回答对于我们得出正确的结论很重要,希望能得到您的配合和支持,谢谢!"

三、问卷项目的设计

调查项目设计的好坏是关系到调查活动能否成功的关键因素,它对调查问卷的有效性、真实度等起着至关重要的作用。在设计问卷项目时,首先要确定调查目的、数据分析方法等因素,再确定问题类型。

1. 问卷类型

(1) 封闭式问卷。封闭式问卷是把将要调查的问题的答案事先固定下来。其结果是答案规范,便于统计,但不能反映深层问题。答案的完备性和互斥性是设计的关键。

(2) 开放式问卷。开放式问卷的答案没有事先规定,或者只提供答案的回答方向。其结果是被调查者可自由发挥,可以发现一些研究者事先可能并未察觉的问题和信息。

(3) 混合式问卷。混合式问卷应用面比较广,因为采取这种方式理论上可以发挥以上两者的优点,回避两者的缺点。但是在应用时要注意几点:一是问卷的内容安排,一般是封闭式问题在前,开放式问题在后;二是开放式问题和封闭式问题的比例要根据不同的研究目的给予适当的安排;三是开放式问题和封闭式问题是设计问卷时的一个相对概念,并不存在明确的指向性。因此,哪些问题用封闭式、哪些问题设计成开放式要根据获取研究资料的有效性和满足程度来决定。

2. 问题类型

问卷类型的问题包括以下几种类型:

(1) 事实性问题。它包括基本状况、客观行为等问题,如年龄、性别、教育程度、收入、企业规模等。如"贵公司有多少名员工?"等。

(2) 主观性问题。它主要是反映回答问卷者的态度、信念、感受和需要等问题。如"您是否认为参观房展是购房的良好途径?"等。

(3) 趋向性问题。如"下届展会您是否考虑参加?"等。

(4) 解释性问题。此类问题就是提供几种研究假设来研究几个变量之间的关系,并提出理由说明。通常是为深入了解一些问题回答后追问其为什么的补充性问题。如"房交会成交趋旺的主要理由有哪些?"等。

3. 问题格式

设计问卷时要先根据需要确定以上各类问题的比例,然后再具体设计问题格式。问题的格式主要有:

(1) 是否式。是否式问题突出两个极端化答案,有些是客观存在的,有些是调查者为了回避某种偏差和其他需要有意设计的。其优点是可能在短时间内获得明确的答案,可使保持中间态度者不得不偏向一方;缺点是不能了解被调查者的意见在程度上的差别。

如:您参加过上届展会吗?(　　)

A. 是　　　　B. 否

(2) 选择式。选择式问题通常有3个或3个以上备选答案,多数情况下将答案个数设计为4个。一般只允许选一个答案,答案之间不能相互交叉。

如:您的教育背景(　　)

A. 高中以下　　B. 高中/中专　　C. 大学/大专　　D. 大学以上

(3) 填入式。如年龄、性别等涉及被调查者的基本特征的变量可使用填入式问题设计,方便可信。

如:您的职业是(　　　),您的学历是(　　　)。

(4)排列式。按重要性程度依次排列答案供调查者选答。此类设计研究更有深度,但是作答难度增大,受调查者回绝比例较高。

(5)量表式。量表式是用尺度表示某种态度,在调查受调查者对某个问题的态度的问卷中经常使用。其结构性强,可以进行较高层次的统计分析。

如:总的来说,您对本届展会的现场交通服务(　　　)

A.非常不满意　　　B.不满意　　　C.一般　　　D.满意

E.非常满意

这种开放式问卷调查可随被调查者的意愿回答,调查者可以获得意想不到的信息,由于没有约束,回答问题不受限制,调查者也可以探讨一些建设性的意见。其缺点是难以获得针对性意见,各抒己见,答案分散,难以统计。在实践中,可以通过"有限度开放问题设计"和"有限度答案统计分析"给予解决,如:"在展位分配方面,您对下届展会有哪些建议?"等。

四、会展调查问卷的制作要求

1.问卷中所有的题目都与研究目的相符合。

2.问卷尽可能简短,其长度只要足以获得重要资料即可,填答时间最好在30分钟以内,否则问卷太长会影响填答者的态度。

3.问卷的题目要由一般至特殊,并具有逻辑性。

4.问卷的指导语或填答说明要清楚,没有歧义。

5.问卷的编排格式要清楚,翻页要顺手,指示符号要明确,不致有瞻前顾后的麻烦。

例文1

展览会质量评估指标体系研究调查问卷

尊敬的朋友:

您好!

受有关部门委托,我们想对部分展览会的参展商和参观者进行随机调查,以测度目前上海展览会的现状,建立评估展览会质量的指标体系,从而为展览会质量评估工作的开展提供参考意见。按照随机抽样原则,您被选为受访者。我们衷心希望您能给予协助,回答问卷内的问题。对于您的回答,我们将根据《中华人民共和国统计法》第三章第十五条之规定予以保密,仅用于科学研究的统计分析。

谢谢您的支持与合作!

说明:请您以印象最深刻的一次展会参观为依据,回答以下问题。以下问题的回答都只针对这一展览会。

请在意向选项上打"√"(以下所有问题中,题号前打" * "的可多选)

1.您第几次参加该展会:

a.首次　b.第二次　c.第三次　d.记不清　e.其他(请注明)_____

2.您是否在一年内参加过与该展会内容或主题相近的展会:

a. 是　b. 否　c. 不清楚

*3. 您选择参观该展会的参考依据是：

a. 主办方　b. 费用　c. 档次和规模　d. 品牌　e. 服务　f. 专业观众　g. 其他(请注明)_____

*4. 您参加本次展览会的目的是：

a. 收集信息　b. 寻找新货源　c. 订货　d. 交朋会友　e. 休闲娱乐　f. 学习　g. 其他(请注明)_____

*5. 您主要通过什么途径了解该展会信息：

a. 展会主办方邀请函　b. 参展商邀请函　c. 听传达或读内部文件　d. 电视/广播　e. 报纸/杂志　f. 网页/电子邮件　g. 参加社团活动　h. 他人介绍　i. 其他(请注明)_____

6. 您认为该展会上参展商表现如何：a. 很好　b. 较好　c. 一般　d. 不好

7. 您认为该展会上的展品是否有吸引力：a. 有　b. 没有　c. 一般

8. 您是否了解该展会进行的宣传活动：a. 很了解　b. 一般了解　c. 不太了解　d. 完全不了解

9. 您认为该展会的实际情况与所宣传的是否有出入：

a. 出入很大　b. 出入不大　c. 没有出入　d. 不清楚

10. 如果展会实际情况与宣传极其不符,您会怎么办：

a. 不过多计较　b. 找主办方或承办方协调　c. 不再参展并要求赔偿　d. 诉诸法律　e. 其他(请注明)_____

*11. 您对该展会哪些方面比较满意：

a. 档次　b. 规模　c. 服务　d. 费用　e. 宣传　f. 其他(请注明)_____

12. 您认为该展会是否能代表展会所属行业的发展现状：

a. 能　b. 基本能　c. 不能　d. 不清楚

13. 您认为该展会是否能反映出展会所属行业的发展趋势：

a. 能　b. 基本能　c. 不能　d. 不清楚

14. 您是否继续参加下届该展会：

a. 参加　b. 不参加　c. 还不确定　d. 不知道

*15. 您认为下列哪些单位对展览会的质量负有一定的责任：

a. 政府　b. 行业协会　c. 主办单位　d. 承办单位　e. 协办单位　f. 赞助单位　g. 媒体　h. 参展商　i. 专业观众　j. 其他(请注明)_____

16. 您认为该展会是否能被称为品牌展会：

a. 能　b. 基本能　c. 不能　d. 不清楚

说明：以下1~16题均可多选

1. 您认为展览会主办方应该具备以下哪些要素：

a. 政府权威性　b. 行业影响力　c. 有丰富经验　d. 其他(请注明)_____

2. 您认为展览会承办方应该具备以下哪些要素：

a.政府权威性　b.行业影响力　c.有丰富经验　d.其他(请注明)_____

3. 您认为媒体的工作应该体现在以下哪些方面：

a.正面宣传　b.如实报道　c.反映不良现象　d.监督　e.其他(请注明)_____

4. 您认为展览会应该选择在什么时间宣传：

a.展前　b.展中　c.展后　d.不清楚　e.其他(请注明)_____

5. 您认为展览会主承办方服务应包括：

a.服务态度　b.服务效率　c.服务手段　d.跟踪反馈　e.投诉处理　f.餐饮住宿　g.酒店与场馆间往返交通　h.旅游购物　i.休闲娱乐　j.峰会论坛　k.法律咨询　l.外币兑换　m.其他(请注明)_____

6. 您认为以下哪些项可以反映峰会论坛的质量：

a.论坛主题　b.演讲者　c.信息量　d.参与性　e.其他(请注明)_____

7. 您认为展览场馆服务应该包括：

a.室内面积　b.室外面积　c.停车场　d.展品运进运出　e.馆内交通　f.会展专车　g.进馆搭建时间　h.撤展时间　i.标识导向服务　j.通讯服务　k.咨询服务　l.餐饮服务　m.登记服务　n.卫生间　o.清洁服务　p.安全保卫　q.便利店　r.其他(请注明)_____

8. 您认为以下哪些项可以反映展览会的规模：

a.展出面积　b.展位数量　c.参展商的数量　d.专业观众的数量　e.普通观众的数量　f.其他(请注明)

9. 您认为以下哪几项可以反映展览会的专业性：

a.展会主题　b.国内外参展商　c.国内外专业观众　d.展品种类　e.其他(请注明)_____

10. 您认为我们在分析参展商时应考虑的因素有：

a.参展商的数量　b.国内参展商在行业中的影响力　c.国外参展商的比例　d.国外参展商的国际影响力　e.参展新产品的比例　f.其他(请注明)_____

11. 您认为我们在分析专业观众时应考虑的因素有：

a.专业观众数量　b.国内专业观众的行业影响力　c.国外专业观众的数量　d.国外专业观众的行业影响力　e.专业观众的购买决策能力　f.其他(请注明)_____

12. 您认为分析历届展览会发展走势需要考虑的因素有：

a.历届参展商数量变化　b.历届展览会面积和摊位数量变化　c.历届专业观众数量变化　d.历届新产品展出比例变化　e.历届著名企业参展比例变化　f.历届展览会国内影响/辐射范围变化　g.历届展览会国外影响/辐射范围变化　h.其他(请注明)_____

13. 您认为应该用以下哪些项目反映一次展览会的成交量：

a.现场成交量　b.展会后与在展会期间认识的客户的交易额(意向成交量)　c.其他(请注明)_____

14. 您认为以下哪些项目能反映展会新老客户比例：

a. 首次参展的专业观众占所有专业观众的比例 b. 首次参展的参展商占所有参展商的比例 c. 其他(请注明)_____

15. 您认为普通观众评价展会主要考虑的因素有:
a. 展会娱乐性 b. 展会学习性 c. 展会观赏性 d. 展会影响性 e. 其他(请注明)_____

16. 您认为以下哪几项可以反映展会影响力:
a. 知晓度(知名度) b. 满意度 c. 美誉度 d. 忠诚度 e. 其他(请注明)_____

您能够坚持做完这份问卷,给了我们极大的帮助,我们向您致以衷心的谢意!

拓展提高

市场调查报告的格式与写法

1. 市场调查报告的标题

标题是市场调查报告的题目,一般有两种构成形式:一是市场调查报告标题——公文式标题,即由调查对象和内容、文种名称组成,例如《关于 2002 年全省农村服装销售情况的调查报告》,需要注意的是,实践中常将市场调查报告简化为"调查",也是可以的。二是市场调查报告标题——文章式标题,即用概括的语言形式直接交代调查的内容或主题,例如《全省城镇居民潜在购买力动向》,这种类型市场调查报告的标题多采用双题(正副题)的结构形式,更为引人注目,富有吸引力,例如《竞争在今天,希望在明天——全国洗衣机用户问卷调查分析报告》《市场在哪里——天津地区三峰轻型客车用户调查》等。

2. 市场调查报告的引言

引言又称导语,是市场调查报告正文的前置部分,要写得简明扼要,精练概括。一般应交代出调查的目的、时间、地点、对象与范围、方法等与调查者自身相关的情况,也可概括市场调查报告的基本观点或结论,以便使读者对全文内容、意义等获得初步了解。然后用一过渡句承上启下,引出主体部分。例如一篇题为《关于全市 2013 年电暖器市场的调查》的市场调查报告,其引言部分写为:"××市北方调查策划事务所受××委托,于 2013 年 3 月至 4 月在国内部分省市进行了一次电暖器市场调查。现将调查研究情况汇报如下",用简要文字交代出了调查的主体身份,调查的时间、对象和范围等要素,并用一过渡句开启下文,写得合乎规范。这部分文字务求精要,切忌啰唆芜杂;视具体情况,有时亦可省略这一部分,以使行文更趋简洁。

3. 市场调查报告的主体

这部分是市场调查报告的核心,也是写作的重点和难点所在。它要完整、准确、具体地说明调查的基本情况,进行科学合理的分析预测,在此基础上提出有针对性的对策和建议。具体包括以下三方面内容:

市场调查报告——情况介绍。市场调查报告的情况介绍,即对调查所获得的基本情况进行介绍,是全文的基础和主要内容,要用叙述和说明相结合的手法,将调查对象的历史和现实情况,包括市场占有情况,生产与消费的关系,产品、产量及价格情况等表述清楚。在具体写法上,既可按问题的性质将其归结为几类,采用设立小标题或者摘要显示的形式;也可以时间为序,或者列示数字、图表或图像等加以说明。无论如何,都要力求做到准确和具体,富有条理性,以便为下文进行分析和提出建议提供坚实充分的依据。

市场调查报告——分析预测。市场调查报告的分析预测,即在对调查所获基本情况进行分析的基础上对市场发展趋势做出预测,它直接影响到有关部门和企业领导的决策行为,因而必须着力写好。要采用议论的手法,对调查所获得的资料条分缕析,进行科学的研究和推断,并据以形成符合事物发展变化规律的结论性意见。用语要富于论断性和针对性,做到析理入微,言简意赅,切忌脱离调查所获资料随意发挥。

市场调查报告——营销建议。这层内容是市场调查报告写作目的和宗旨的体现,要在上文调查情况和分析预测的基础上,提出具体的建议和措施,供决策者参考。要注意建议的针对性和可行性,能够切实解决问题。

例文2

《关于全市 2002 年电暖器市场的调查》的主体部分

1. 生产情况

据调查,国内以电暖器为主要产品的生产企业为数不多,有 30 多家。2002 年,这些企业电暖器总产量约 240.19 万台。其中,年产量超过 10 万台的主要有广东美的家电厂、宁波天工实业公司等 8 家企业。这 8 家企业电暖器总产量约 209.53 万台,占国内电暖器总产量的 87.24%。以上情况表明:虽然电暖器行业目前处于起步阶段,但生产集中程度却非常高。特别是产量排行第一的广东美的家电厂,其产量超过国内总产量的 1/4,在本行业中处于明显的垄断地位。

2. 销售情况

据对北京、大连、沈阳、济南、杭州、武汉 6 个城市的 27 家大商场的调查,2002 年电暖器总销量约为 71 000 台。其中,销量超过 5 000 台的有大连商场、大连百货大楼等 5 家商场,年销售总量约 44 447 台,占 27 家销售总量的 62.2%。以上情况表明:与电暖器生产的高度集中类似,电暖器销售的集中程度也非常高。这种现象一方面反映了电暖器市场正处于开发阶段,大部分商场都把电暖器作为试销商品经营,把电暖器作为主要商品经营的为数甚少;另一方面,虽然经销电暖器获得成功的商场数量不多,但这些成功者的事实至少说明,电暖器极具市场潜力,具有良好的发展前景。

3. 各种品牌的竞争(略)

4. 市场分析与展望(略)

产品与建筑面积、供热面积的分析,产品生产和销售情况的分析(略)

5. 几点建议(略)

产品调查是市场调查的主要内容之一。产品市场调查报告的行业性、专业技术性很强。内容一般包括:产品的品牌、质量、款式、功能、价格、技术、服务、消费及对产品的评价、意见、要求、产品的市场销售、市场展望等。上述市场调查报告范文侧重于对产品的生产、销售、品牌等情况的介绍,运用数字分析、对比、排位等方法分析,尤其是第四部分对影响产品销售的建筑面积、供热面积等深层背景进行分析,并进行预测,使文章更有力度,在此基础上所提出的对策和建议,必然显得理据充实,说服力强。

4. 市场调查报告的结尾

结尾是市场调查报告的重要组成部分,要写得简明扼要,短小有力。一般是对全文内容进行总括,以突出观点,强调意义;或是展望未来,以充满希望的笔调作结。视实际情况,有时也可省略这部分,以使行文更趋简练。

思考练习

一、填空题

1. _____是运用问卷的方式向参展商、客商和普通观众收集参加会议活动的意向、意见和要求的文书。

2. _____是向被调查者简单阐释本次调查活动的目的、意义、用途、范围、指标解释、填写须知,以引起被调查者的重视和兴趣。

3. 调查项目设计的好坏是关系到调查活动能否成功的关键因素,它对调查问卷的_____、_____等起着至关重要的作用。

4. _____是把将要调查问题的答案事先固定下来,其结果是答案规范。

5. _____是对答案没有事先规定,或者只提供答案的回答方向。

二、简答题

1. 会展调查问卷的结构一般包括哪些内容?
2. 会展调查问卷类型有哪些?各有何优点?
3. 简述会展调查问卷的制作要求。

学习任务 3 展会立项策划书

任务概述

展览项目的产生源于策划人员长期的积累和创造的灵感。从脑海里浮现某一特定主题的展览会场景开始,到展会的初步市场分析和财务估算,直至该展会展览项目正式立项,我们把这一过程称为展览会策划的项目设想与建议过程。这一过程的核心工作主要包括三个方面:

第一,行业展会分析。行业展会分析包括两层含义,首先是对展会举办的某产业的发展现状和发展趋势进行分析,目的是判断新开发区的展览会是否有发展潜力,或者是为现有展览会高速发展策略提供依据。其中,对产业结构进行深入分析,本身就有助于展览会的总体框架,如参展商的类型划分、展出布局、专业观众的来源等。其次是同类展览会的竞争力分析,包括对竞争对手的潜在参展商、目标专业观众和展会规模等的分析,以期明确展览会的定位。

第二,展览项目构思。项目构思主要是解决展览会的选题和定位问题。针对市场策划优秀的选题,要将策划创意转化为精心组织与施工,真正为参展商和专业观众找寻理想的交流、交易平台,展览会才能取得预期的成果。

第三,展会立项策划。展会立项策划就是根据掌握的各种信息,对即将举办的展览会的有关事宜进行初步规划,设计出展览会的基本框架,提出计划举办的展览会的初步规划内容。会展立项一般要遵循八项原则:保护名牌会展、扶持专业会展、鼓励境外来展、优先全国会展、促进新型项目、扩大展场销售、遵循办展能力、参照申办顺序。立项策划的内容主要包括:会展名称的地点、办展机构、展品范围、办展时间、会展规模、会展定位、招展计划、宣传推广和招商计划、会展进度计划、现场管理计划、相关活动计划等,并制作会展立项策划书。

- 了解展会立项策划书的相关概念
- 掌握展会立项策划书的主要内容
- 了解展会立项策划书的结构与写法

一、展会立项策划书的相关概念

1. 展会立项策划的含义

会展立项策划,是指根据掌握的各种信息,对即将举办的展览会的有关事宜进行初步规划,设计出展览会的基本框架,提出计划举办的展览会的初步内容,主要包括:展会名称和地点、办展机构、展品范围、办展时间、展会规模、展会定位、招展计划、宣传推广和招商计划、展会进度计划、现场管理计划、相关活动计划等。会展立项一般要遵循八项原则,即保护名牌会展、扶持专业会展、鼓励境外来展、优先全国会展、促进新型项目、扩大展场销售、遵循办展能力、参照申办顺序。

2. 展会立项策划书的含义

展会立项策划书是在充分获取展会信息并对之进行全面、深入分析的基础上,运用科学的方法对展会提出一套办展的规划、策略和方法,在此基础上形成的最佳方案。

二、展会立项策划书的主要内容

一般地,展会立项策划书主要包括以下内容:

1. 办展市场环境分析

办展市场环境分析包括对展会展览题材所在产业和市场的情况分析,对国家有关法律、政策的分析,对相关展会的情况的分析,对展会举办地市场的分析等。

2. 提出展会的基本框架

包括展会的名称和举办地点、办展机构的组成、展品范围、办展时间、办展频率、展会规模和展会定位等。

3. 展会价格及初步预算方案

主要包括会议的收费标准；展览会的展位价格、门票价格；制定价格的基本原则和策略；举办展会所需的各项支出以及预期的收益。

4. 展会工作人员分工计划

5. 展会招展计划

6. 展会招商计划

7. 展会宣传推广计划

展会宣传推广计划主要包括招展、招商、招客的方法、渠道、策略，广告和新闻发布的计划等。

8. 展会筹备进度计划

展会筹备进度计划包括招展、招商、招客、宣传推广、场馆租借、展位划分、嘉宾邀请、相关文案的拟写编制等工作的时间要求。

9. 展会服务商安排计划

展会服务商安排计划主要包括搭建、运输、住宿、餐饮、旅游等服务商的选择。

10. 展会开幕和现场管理计划

展会开幕和现场管理计划主要包括制订场馆管理、与会代表的接待、媒体接待、观众注册登记、布展和撤展现场服务等计划。

11. 展会期间举办的相关活动计划

相关活动主要包括开幕式、欢迎会、展览中的研讨会、会议中的展览会、各种表演、评奖、集体签约等活动的策划与安排。

12. 展会结算计划

三、展会立项策划书的结构与写法

1. 展会名称

展览会的名称一般包括三个方面的内容，主要是基本部分、限定部分和行业标识。如"第93届中国出口商品交易会"，如果按上述三个内容对号入座，则基本部分是"交易会"，限定部分是"中国"和"第93届"，行业标识是"出口商品"。下面分别对这三个内容作一些说明：

（1）基本部分。它用来表明展览会的性质和特征，常用词有：展览会、博览会、展销会、交易会和节等。

（2）限定部分。它用来说明展会举办的时间、地点和展会的性质。展会举办时间的表示办法有三种：一是用"届"来表示；二是用"年"来表示；三是用"季"来表示。如第三届大连国际服装节、2003年广州博览会、法兰克福春季消费品展览会等。在这三种表达办法里，用"届"来表示最常见，它强调展会举办的连续性。那些刚举办的展会一般用"年"来表示。展会举办的地点在展会的名称里也要有所体现，如第三届大连国际服装节中的

"大连"。展会名称里体现展会性质的词主要有"国际""世界""全国""地区"等。如第三届大连国际服装节中的"国际"表明本展会是一个国际展。

(3)行业标识。它用来表明展览题材和展品范围。如第三届大连国际服装节中的"服装"表明本展会是服装产业的展会。行业标识通常是一个产业的名称,或者是一个产业中的某一个产品大类。

2. 展会地点

策划选择展会的举办地点,包括两个方面的内容:一是展会在什么地方举办;二是展会在哪个展馆举办。策划选择展会在什么地方举办,就是要确定展会在哪个国家、哪个省或者是哪个城市里举办。策划选择展会在哪个展馆举办,就是要选择展会举办的具体地点。具体选择在哪个展馆举办展会,要结合展会的展览题材和展会定位而定。另外,在具体选择展馆时,还要综合考虑使用该展馆的成本的大小如何、展期安排是否符合自己的要求以及展馆本身的设施和服务如何等因素。

3. 办展机构

办展机构是指负责展会的组织、策划、招展和招商等事宜的有关单位。办展机构可以是企业、行业协会、政府部门和新闻媒体等。根据各单位在举办展览会中的不同作用,一个展览会的办展机构一般有以下几种:主办单位、承办单位、协办单位、支持单位等。

主办单位。拥有展会并对展会承担主要法律责任的办展单位。主办单位在法律上拥有展会的所有权。

承办单位。直接负责展会的策划、组织、操作与管理,并对展会承担主要财务责任的办展单位。

协办单位。协助主办或承办单位负责展会的策划、组织、操作与管理,部分地承担展会的招展、招商和宣传推广工作的办展单位。

支持单位。对展会主办或承办单位的展会策划、组织、操作与管理,或者是招展、招商和宣传推广等工作起支持作用的办展单位。

4. 办展时间

办展时间是指展会计划在什么时候举办。办展时间有三个方面的含义:一是指举办展会的具体开展日期;二是指展会的筹展和撤展日期;三是指展会对观众开放的日期。展览时间的长短没有一个统一的标准,要视不同的展会具体而定。有些展会的展览时间可以很长,如"世博会"的展期长达几个月甚至半年;但对于占展会绝大多数的专业贸易展来说,展期一般是3~5天为宜。

5. 展品范围

展会的展品范围要根据展会的定位、办展机构的优劣势和其他多种因素来确定。根据展会的定位,展品范围可以包括一个或者是几个产业,或者是一个产业中的一个或几个产品大类,例如,"博览会"和"交易会"的展品范围就很广,"广交会"的展品范围就超过10万种,几乎是无所不包;而德国"法兰克福国际汽车展览会"的展品范围涉及的产业就很少,就只有汽车产业一个。

6. 办展频率

办展频率是指展会是一年举办几次还是几年举办一次，或者是不定期举行。从目前展览业的实际情况看，一年举办一次的展会最多，约占全部展会数量的80%，一年举办两次和两年举办一次的展会也不少，不定期举办的展会已经是越来越少了。

办展频率的确定受展览题材所在产业的特征制约。几乎每个产业的产品都有一个生命周期，产品的生命周期对展会的办展频率有重大影响。产品的投入期和成长期是企业参展的黄金时期，展会的办展频率要牢牢抓住这两个时期。

7. 展会规模

展会规模包括三个方面的含义：一是展会的展览面积是多少；二是参展单位的数量是多少；三是参观展会的观众有多少。在策划举办一个展会时，对这三个方面都要做出预测和规划。在规划展会规模时，要充分考虑产业的特征。展会规模的大小还会受到观众数量和质量的限制。

8. 展会定位

通俗地讲，展会定位就是要清晰地告诉参展企业和观众本展会"是什么"和"有什么"。具体地说，展会定位就是办展机构根据自身的资源条件和市场竞争状况，通过建立和发展展会的差异化竞争优势，使自己举办的展会在参展企业和观众的心目中形成一个鲜明而独特的印象的过程。展会定位要明确展会的目标，参展商和观众、办展目标、展会的主题等。

9. 展会价格和展会初步预算

展会价格就是为展会的展位出租制定一个合适的价格。展会展位的价格往往包括室内展场的价格和室外展场的价格，室内展场的价格又分为空地价格和标准层位的价格。

在制定展会的价格时，一般遵循"优地优价"的原则，即那些便于展示和观众流量大的展位的价格往往要高一些。展会初步预算是对举办展会所需要的各种费用和举办展会预期以获得的收入进行的初步预算。在策划举办展会时，要根据市场情况给展会确定一个合适的价格，这样对吸引目标参展商参加展会十分重要。

10. 人员分工、招展、招商和宣传推广计划

人员分工计划、招展计划、招商计划和宣传推广计划是展会的具体实施计划，这四个计划在具体实施时会互相影响。人员分工计划是对展会工作人员的工作进行统筹安排。招展计划主要是为招揽企业参展而制定的各种策略、措施和办法。招商计划主要是为招揽观众参观展会而制定的各种策略、措施和办法。宣传推广计划则是为建立展会品牌和树立展会形象，并同时为展会的招展和招商服务的。

11. 展会进度计划、现场管理计划和相关活动计划

展会进度计划是在时间上对展会的招展、招商、宣传推广和展位划分等工作进行的统筹安排。它明确在展会的筹办过程中，到什么阶段就应该完成哪些工作，直到展会成功举办。展会进度计划安排得好，展会筹备的各项准备工作就能有条不紊地进行。

现场管理计划是展会开幕后对展会现场进行有效管理的各种计划安排，它一般包括展会开幕计划、展会展场管理计划、观众登记计划和撤展计划等。现场管理计划安排得

好,展会现场将井然有序,展会秩序良好。

展会相关活动计划是对准备在展会期间同期举办的各种相关活动做出的计划安排。与展会同期举办的相关活动最常见的有技术交流会、研讨会和各种表演等,它们是展会的有益补充。

例文 1

第十五届津洽会国际车展
暨第五届天津保税区×××国际汽车嘉年华活动方案

由天津市人民政府、中国商业联合会、中华全国归国华侨联合会主办的天津第十五届投资贸易洽谈会将于 2008 年 4 月 18 开幕,天津×××展贸中心作为展会的三大展场之一,承担着汽车展示、交易的主要任务。为落实市委、市政府关于举办"高起点、高标准、高水平"的展会要求,我们将仔细准备,认真策划,保证圆满完成市政府交办的各项工作。车展活动方案内容如下:

一、津洽会车展会场基本情况

1. 展览时间:2008 年 4 月 18 日~4 月 22 日

开幕时间:2008 年 4 月 18 日上午 10 点

预展时间:2008 年 4 月 17 日

撤展时间:2008 年 4 月 23 日

2. 地点:×××展贸中心、配件城及园区各功能板块

3. 名称:第十五届津洽会国际车展暨第五届天津保税区×××嘉年华

4. 主题:引领生活,驾驭梦想

5. 宗旨:展示天津形象、提高文化品味、丰富群众生活、引导时尚消费

6. 参展范围

(1)汽车整车:进口及国产汽车

(2)汽车配件:进口及国产汽车配件

(3)汽车用品:汽车装饰件、汽车美容件、改装用具等

(4)汽车延伸产品:汽车模型、电子产品、自行车等

(5)汽车服务:汽车金融、汽车保险等

7. 展区布局

(1)主展场展览面积 3 万平方米,室内 1.5 万平方米,室外 1.5 万平方米

(2)展厅内以进口汽车为主

(3)展厅主通道以汽车配件、电子产品、改装用具等为主

(4)前广场以国产汽车、特种车、房车展示及互动活动为主

(5)汽配城为汽车配件展区

(6)4S 店、二手车市场自有品牌展示

(7)试车道进行试乘试驾活动

8. 参展品牌

(1) 已确定参展品牌

奔驰、宝马、保时捷、奥迪、雷克萨斯、进口大众、凯迪拉克、VOLVO、捷豹、悍马、路虎、克莱斯勒、斯巴鲁、进口丰田、进口标致、欧宝、罗孚、雷诺、双龙、雪铁龙、现代、广州丰田、一汽丰田、JEEP、三菱、日产、雪佛兰、广州本田、荣威、一汽大众、进口起亚、国产起亚、红旗、上海大众、别克、马自达、一汽夏利、奇瑞、麦特曼通讯应急车、德福房车共39个品牌。

(2) 待确定参展品牌

阿库拉、英菲尼迪、法拉利、阿库拉、英菲尼迪、菲亚特、福特、海马、华普、铃木、黄海、众泰、瑞风、长安奔奔等。

(3) 计划参展新车

比亚迪F1 F6、Cross Polo、新凯越、日产逍客、标志307两厢、道奇 博酷、宝马1系6系、本田08雅阁、荣威1.8T、克莱斯勒铂锐、马自达马2、江淮宾悦、奇瑞A3、利金刚两厢、风行景逸、雨燕1.5、奔驰c级等。

9. 展会期间主要活动

现场开幕仪式、厂商新车发布会、厂商表演活动、联合试乘试驾活动、现场抽奖活动、汽车摄影大赛等。

10. 展位规划见下图(略)

二、主要组织单位

1. 主办单位

2. 协办单位

3. 承办单位

市商务委、市发展改革委、市经委、市建委、市科委、市农委、市经协办、市滨海委、市人事局、市外办、市侨联。

4. 支持单位

中华人民共和国商务部

5. 津洽会国际车展主办单位

(1) 天津市商务委员会

(2) 天津保税区管委会

(3) 中国进口汽车贸易有限公司

6. 津洽会国际车展支持单位

(1) 天津天保控股公司

(2) 天津一轻集团

(3) 天津农垦集团

(4) 天津物资集团

7. 津洽会国际车展承办单位：天津空港国际汽车园发展有限公司

三、车展筹备机构

设立由市商务委、管委会、中国进口汽车贸易有限公司和天保控股公司主要领导牵头,以空港汽车园公司相关部门组成的筹备委员会,下设办公室、招商组、宣传组、布展组,全面负责车展的各项准备工作。具体组织机构及分工如下:

1. 筹备委员会领导成员
2. 现场指挥部成员
3. 各组负责人设置及工作职责

(1) 综合服务组

主要工作职责:负责车展主办单位及嘉宾单位邀请;负责门票赠送工作;负责门票的销售、兑换、人员统计等工作;负责班车及线路的确定和管理工作;负责与管委会、控股、中进等股东的联系;负责文件起草、上报和归档工作;负责财务管理,收支预算;会议组织、接待工作。

(2) 招商组

主要工作职责：展厅内及外广场等展位招商工作;招商品牌统计、汇总、跟进工作;海关、商检等优惠政策申报工作;展费收取工作。

(3) 宣传组

主要工作职责：制订展会策划方案、宣传方案;媒体关系维护,最大限度刊发新闻通稿、软文;广告位设立;配合参展商提供促销方案;广告设计制作;参展商布展设计审核工作;手提袋、会刊、门票、海报等DM材料广告招商工作。

(4) 布展组

主要工作职责：展位划线、展位详规;展场现场管理工作;消防、保险等工作;区内交通管理部门的协调工作;现场安全管理。

四、车展宣传计划（略）

五、目前工作进度

1. 展会策划工作

展会整体策划方案、招商手册、邀请函、工作分工表等系列前期准备文件已经全部准备完成。

2. 招商工作

已于3月3日正式召开了园区企业车展动员大会,展会邀请函和招商资料已经发给园区企业,园区企业绝大多数决定参加本次展会,区外企业招商工作已经正式启动。

3. 宣传工作

需与津洽会组委会建立密切的沟通联络机制,在天津主流媒体建立津洽会专栏集中报道本次车展内容。计划从3月中旬每天提供一篇800字左右的新闻通稿报道本次车展总体情况、参展品牌、参展车辆、展会活动、销售量等等。

4. 文件上报工作

已正式向保税区管委会上报了车展的相关文件,涉及展会进口汽车的入关等问题仍需津洽会组委会协调解决。

六、需津洽会组委会协助解决的问题

1. 宣传问题

(1) 建议在天津主流媒体建立津洽会专栏集中报道本次大会,车展内容的新闻最好每天能刊出或播出一篇。

(2) 鉴于硬性广告对于宣传的巨大作用,建议津洽会组委会能对车展投放的硬广告给予大力支持。

(3) 车展期间的记者邀请及新闻报道请给予大力支持。

(4) 路牌等户外媒体的发布请给予大力支持。

(5) 建议建立密切的宣传联络员沟通配合机制。

2. 开幕仪式组织问题

需津洽会组委会尽快确定出席开幕仪式的领导、开幕仪式由谁来负责、形式、规模大小等系列问题。

3. 行政许可、安防、消防、交通协调等问题

请津洽会组委会统一办理重大活动行政许可报批手续,设计安防、消防、交通协调等问题由津洽会组委会统一负责。

4. 门票的印制、定价、销售问题

历届嘉年华门票定价20元,主要凭车展广告兑换门票,今年建议还采取以上方式。

5. 会场之间的交通问题

建议开通国展中心到汽车园的免费班车,方便观众参观。

天津×××发展有限公司
2008年3月11日

四、展会立项策划书的写作要素和要领

1. 展会立项策划书的写作要素

(1) Why(为什么)。展会立项的缘由/意义及前景。

(2) What(做什么)。展会的主题、内容,明确创造期望项目的特点。

(3) Who(谁)。展会的主办单位、承办单位、行业重要参展商支持、参展商的范围、媒体支持单位。

(4) Where(何处)。地点,独特性、方便性、旅游的价值、地方的支持性。

(5) When(何时)。展会举办的时间,包括布展、展览及撤展的时间。

(6) How(如何)。展会的日程安排,展会的宣传计划与营销策略、展会期间举办的各种活动。

(7) How much(多少)。预计参展商数量、展位数量与布局展位价格。

(8) Effect(效果)。展会结果,预测产生效益。

2. 展会立项策划书的写作要领

(1) 言简意赅。

(2) 用词准确。

(3) 实事求是。

(4) 重点突出。

(5) 注意包装。

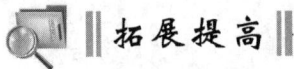

会展策划的特点

1. 会展策划工作的服务对象是会展活动的主办方

先问一个问题:会展策划工作为谁提供服务?回答是:会展策划工作只是为会展活动的主办方提供服务。

换言之,会展策划不可能游离于会展活动主办方之外而独立存在。因此,会展策划是会展活动主办方经营范围中不可或缺的内容。从事策划服务的专门机构提供会展策划服务,也必须接受委托人的委托,即接受会展活动主办方的委托才会开展相关策划工作。

会展活动的主办方主要包括政府、政治团体、社会组织和企业。

政治团体指政党及特定的群众团体。在中国,执政党和参政党及工会、共青团、妇联,都有主办会展活动的需求。

社会团体指行业协会、商会、专业学会、基金会等民间组织,它们不但有主办会展活动的需求,有的已成为中国会展市场的强势或知名的主办方。

从事会展活动的,既有展览公司、会议公司、展览场馆经营公司,也有文化传播公司、广告公司和媒体公司。

会展策划工作就是为以上会展活动主办方提供服务的。

2. 会展策划工作的产品是会展及其配套活动

会展策划并不提供其他产品,只是提供展览会或会议及其配套活动。

3. 会展策划产品的形态是会展活动的运作方案

向会展活动主办方提供可供组织实施的会展活动方案,是会展策划工作的主要任务。会展活动的组织实施方案,就是会展策划工作提供的服务性产品形态。在实际工作中,较为复杂的会展活动策划,尤其是接受主办方委托、由外包机构承担的会展活动策划,其策划方案必须有规范的文本。而由主办方自行策划的会展活动策划,其方案往往偏重于操作内容,并不强调方案文本的系统性和规范性。而许多中小型公司策划会展活动,方案往往是决策人或操作者口头表达的构想或思路,不太拘泥于形式上的文本。

 思考练习

一、填空题

1. _____是市场调查的成果,也是制定会展立项策划的依据。

2. 策划选择会展的举办地点,包括两方面的内容:一是_____;二是_____。

3. 展览会策划的核心内容是展览项目立项和_____。而_____是成功策划展览的第一步工作。

4. 会展立项一般要遵循八项原则:_____、扶持专业会展、鼓励境外来展、优先全国会展、_____、扩大展场销售、遵循办展能力、参照申办顺序。

5. _____是在充分获取展会信息并对其进行全面、深入分析的基础上,运用科学的方法对展会提出一套办展的规划、策略和方法,在此基础上形成的最佳方案。

二、简答题

1. 简述展会立项策划书的基本结构。
2. 简述展会立项策划书包括的主要内容。
3. 简述展会立项策划书的含义。

学习任务4 会展计划

任务概述

制订合理的会展计划对完成任务有着重要的作用。古人云:"凡事预则立,不预则废。"这个"预",就是事先的会展计划。制订好一个方案,可以让人们心中有数,知道"做什么"和"怎么做",从而统一思想,明确目标,有利于提高自觉性,减少盲目性,充分调动全体员工的积极性和创造性。会展计划和方案又是检查工作的客观依据。在实施方案过程中,人们可以根据方案及时检查工作,以便随时发现问题,随时改进工作,更好地完成任务。

任务目标

- 了解会展计划的含义和特点
- 掌握会展计划的结构与写法
- 了解会展计划的种类

学习内容

一、会展计划的含义

计划是为完成一定时期的任务而事前对目标、措施和步骤做出简要部署的事务性文书。会展计划是对会展工作预先做出打算和安排的文书,它又可以称为纲要、规划、方案、设想、意见、安排、工作要点等。

特别提示

经常需要制订的会展计划便是方案。方案,又叫工作方案,是会展计划的一种,是为完成任务而事先所作的安排。具体地说,在进行某项工作前,根据实际情况,对所要做的工作提出具体要求、规定明确目标、制定相应措施。

二、会展计划的特点

1. 具有明确的目标

即在一定时间内完成什么任务,达到什么目的。

2. 具有很强的预见性

制订计划要对未来一段时间或一个时期做出科学的预见,如基础条件如何,前景如何,高低目标,措施怎样等,对各种可能出现的情况,必须有一个清醒的认识和正确的估量。没有科学的预测,也就没有计划。

3. 具有可行性

制订计划,就是为了执行。对未来的预测,应建立在客观的实际基础上,并制定具体可行的操作步骤,切忌盲目地、无根据地制订计划,这样才能使计划有可行性。

4. 具有一定的约束力

制订任何一项计划,必须有明确的目的,即在一定的时间内完成什么任务,获得什么效益。这也就完成了工作的方向和依据,并具有很强的指导性、规范性和约束性,不能随便更改。

三、会展计划的种类

会展计划的种类很多,如按内容区分,可分为综合会展计划和专项(单项)会展计划;按性质划分,可分为展览计划、展销计划、会议计划等;按范围划分,有国家会展计划、地区会展计划、部门会展计划、单位会展计划等;按期限划分,可分为长远会展计划、年度会展计划、季度会展计划、月度会展计划、日会展计划等。

四、会展计划的结构与写法

会展计划可采用文字式、表格式或条目式。文字式会展以文字叙述来表示会展计划的内容。表格式会展计划即主要用表格来表达会展计划的内容。条目式会展计划即逐条列出会展计划内容,这种方式最为广泛。这三种方式往往综合使用。

会展计划一般由标题、正文和落款三部分组成。

1. 标题

标题由计划单位、计划时限、计划事由和文种组成。基本样式为《××公司××年××计划》。也有省略其中之一、二项的标题,如《××年会展协会工作计划》《××届××展览会工作计划》等。

2. 正文

正文一般由前言和主题两部分组成。

(1)前言。前言一般应简要说明制订计划的指导思想、主要依据以及总目标或总任务。文字表达要高度概括。

(2)主体。主体一般由目标、措施、步骤三部分组成,通常被称为会展计划的"三大要素"。首先要写明规定时限内完成的基本目标或基本任务以及这些目标、任务在数量和质量上的要求;其次要写明实现目标的措施与方法,如由谁由什么部门负责,用什么方法完成;再次说明完成目标、任务要采取的步骤,先做什么,后做什么,具体有什么要求。写作这部分内容,措辞要准确简明,层次要清晰,表达要明确。

3. 落款

落款包括制订计划的单位名称和具体日期。

例文1

2013常熟春季红木家具展

一、项目概况

1. 项目名称：2013常熟春季红木家具展

2. 目的和意义

为提升常熟红木家具的知名度和销售量，展示红木家具的经典、复古、高雅与魅力，常熟红木家具将与常熟市人民政府、常熟市商务局联合举办2013常熟春季红木家具展示会。届时，我们将诚邀全国知名的家具厂家、业界人士、其他省市家具协会参加，将其办成层次高、影响广、精品荟萃的一次红木家具盛会。

本展会以"传承红木经典，创造复古新时尚"为主题，通过有效组织红木家具企业和专业客商参展，构筑常熟红木家具品牌形象、洽谈合作贸易、了解行业动态、交流业界技术、培育产品品牌、拓展优势的平台和联系供求商的金桥，是参展的红木家具企业迅速占领常熟市场及苏州市场乃至全国市场、扩大知名度和美誉度的最佳平台。

3. 组织单位

主办：常熟市人民政府
　　　常熟市商务局

承办：常熟市国际会展中心

二、组织机构

本次常熟春季红木家具展示会由常熟市人民政府、常熟市商务局和常熟市国际会展中心共同调派精干人员组成会务组，负责展示会的组织实施：

总指挥：×××

副总指挥：×××

1. 外联组(6人)

负责事项：政府、嘉宾联系邀请；确定开幕式嘉宾；主持人确定；发放邀请函、请柬；嘉宾接送、交通；礼品发放。

2. 会务组(15人)

负责事项：会场布置安排；会刊制作；嘉宾讲话稿；主持稿；休息场地安排；商务酒会安排。

3. 宣传组(10人)

负责事项：广告投放；新闻媒体邀请；新闻稿；现场礼品安排；现场拍照；摄影；文艺演出组织；团购节组织。

4. 安保组(25人)

负责事项：会展期间的嘉宾保卫；影视明星的特别保卫；现场安全；车辆指挥。

5. 布展组(12人)

负责事项:会场现场气模、横条幅布置;户外广告(从伍家岭到浦沅桥的芙蓉路沿线布置灯箱广告牌或POP彩旗);会展展台布置及管理。

三、活动流程

1. 新闻发布会

(1)时间:2013年3月24日(周日),上午10:00。

(2)地点:常熟国际会展中心一楼大厅。

(3)嘉宾:政府领导、新闻媒体、业内人士、客户。

(4)主题:正式宣布2013常熟春季红木家具展示会启动。

(5)现场布置要点:

①一楼大厅布置讲台,尺寸为6×3×0.3米,租用音响、话筒一套;

②一楼大厅布置一个6×3米背景板,背景文字如下:(略)

③一楼大厅地板铺6×9米红地毯;

④市场内外布置若干气模、横幅、条幅。

(6)活动流程:

①市领导致辞。

②红木家具企业领导致辞。

2. 开幕、剪彩仪式

(1)时间:2013年3月24日,上午11:00~12:00。

(2)地点:常熟市国际会展中心。

(3)嘉宾:政府领导、影视明星、参展客商、新闻媒体、公司领导。

(4)主题:宣布2013常熟春季红木家具展示会开幕。

(5)现场布置要点:

①布置舞台一个,一个背景板,租用音响一套;

②市场内外布置若干气模、横幅、条幅。

(6)活动流程:

11:00　红木家具企业领导致欢迎辞;

　　　　参展客商代表致辞;

11:20　市领导宣布2013常熟春季红木家具展示会正式开幕;嘉宾剪彩;

11:25　嘉宾参观会展。

3. 文艺演出

(1)时间:上午场:2013年3月24日,上午9:30~11:00;

下午场:2013年3月24日,下午15:30~16:30。

(2)地点:常熟市国际会展中心。

(3)演出嘉宾:戏曲和中国风歌舞表演。

(4)主题:活跃现场气氛,渲染浓浓的文化气息。

(5)活动流程:(略)

4. 商务酒会

(1)时间:2013年3月24日,中午12:00~13:00。

(2)地点:天铭大酒店。

(3)嘉宾:政府领导、参展客商、新闻媒体。

(4)主题:共同洽谈合作贸易、了解行业动态、交流业界信息。

(5)活动流程:(略)。

5. 明星签名、合影活动

(1)时间:2013年3月24日,下午13:30~15:30。

(2)地点:常熟市国际会展中心。

(3)嘉宾:影视明星(具体人员待定)。

(4)主题:明星签名、合影。

(5)活动流程:

13:30 幸运顾客签名;

14:00 幸运顾客合影;

14:30 接受媒体专访;

15:30 活动结束。

6. 持续展示期

时间:2013年3月24日至2013年5月30日。

例文2

2013年江苏国际服装节秋艳企业参展计划书

一、活动背景和目标

1. 背景

由江苏省举办的国际性"服装盛宴"——2013江苏国际服装节将于1月10日~25日举行。届时,江苏卫视为2013江苏国际服装节隆重揭幕举办晚会,开幕式与晚会合二为一。江苏省省长,常熟市市长、市委书记将参加开幕式活动。《扬子晚报》《服饰导报》《江苏商报》等20多家新闻媒体参加发布会。

目前,国内服装行业竞争激烈,大大小小的服装企业数不胜数,加上实力雄厚的国外服装品牌不断进入,中国服装市场的版图在此消彼长中不断改变。

借助服装节的契机,我公司将进一步推广企业产品,以拓展更大的市场空间,获取品牌溢价,进而跻身于全国顶级服装品牌行列。以强势媒体为平台,整合各方资源,为品牌升级确立战略方向。通过娱乐营销,让秋艳的品牌知名度、美誉度得到极大的提升。

2. 目标

根据2013年公司的发展推广计划,确定招商和品牌形象的宣传两个目标:拓展直营店(全国二线城市的购物中心或商场);招加盟代理商(在展会上努力实现40%~50%的洽谈)。

3. 提高秋艳品牌的知名度,以利于今后发展战略的推行和品牌稳定而良好的发展,并且依此作为机会,为以后秋艳在全国的推广奠定基础。

二、活动概况

1.参展时间:2013年3月10日至30日。

2.参展地点:常熟国际服装城。

3.参展人员

(1)总负责;

(2)现场接待人员;

(3)翻译负责;

(4)现场咨询。

4.参展纪律

(1)未经允许,不得擅自离开展位,特殊情况可向管理人员请假;顾客离展位三步距离,必须微笑迎接;

(2)有顾客在展位的情况下,不得占坐顾客接待位。

三、参展安排

1.展位布置

三个关键布置流程:

A.接待服务区布置;

B.嘉宾休息洽谈区布置;

C.服饰展区布置。

2.展前

A.展台准备:参展主题的确定;展位的确定;展位的布置。

B.代理商邀请及策略:

由渠道人员提前通过发送邀请函的方法约好意向代理商参加展会,准备一些可以一分为二的礼品,把其中之一在展前先随邀请函寄给代理商,让他们必须到展位上才能凑成完整的一份礼品。

C.媒体报道:公司网站进行同步报道;江苏媒体报道。

3.展会期间

A.如果有可能在馆外墙上悬挂代言人宣传画和LOGO。

B.新闻媒体的采访,包括报纸记者、电台记者、时尚杂志记者等,可根据需要进行邀请,或者邀请服饰界的领导来参观。

C.时装展示,可参加会展中心的统一品牌展示。

D.公司形象宣传资料的发送。

由于时装表演的申请和在展会现场的广告宣传的申请时间已经过去,所以我们公司只有靠自己的宣传手段,从各个细节来提高公司的整体形象,通过自己统一良好的形象展示和高水准的服务质量来搞好自己的宣传。

4.展会后

这时主要是针对会上所洽谈的目标商场和目标加盟商的跟踪追访。把在展会上的火热场面刻成光盘,进行形象整合,再包装。

四、预算

1. 展示厅的搭建费
2. 宣传物品的制作费用
3. 相关礼品的准备
4. 广告费用
5. 参展人员的住宿饮食费用

例文3

第×届国际××展览会参展筹备工作计划

第×届国际××展览会将于×年×月×日至×日在×国×市××博览会中心举办,为做好本公司的参展筹备工作,按时完成各项任务,特制订如下工作计划:

一、×年×月×日之前(12个月前)

1. 从会展的规模、时间、地点、专业程度、目标市场等各方面,综合专家意见,确定全年参展计划。
2. 与展览主办单位或代理公司进行联系并取得初步资料。
3. 选定展位。
4. 了解付款形式,考虑汇率波动,决定财务计划。

二、×年×月×日之前(9个月前)

1. 设计展位结构。
2. 取得展览主办公司的设计批准。
3. 选择并准备参展产品。
4. 与国外潜在客户及目前客户联系。
5. 制作站台宣传资料和展品手册。

三、×年×月×日之前(6个月前)

1. 利用广告或邮件等进行推广活动。
2. 确定赴×国参展的行程。
3. 支付展位及其他服务所需的预付款。
4. 复查本公司的展品宣传手册、传单、新闻稿等,并准备翻译。
5. 安排展览期间翻译员。
6. 向服务承包商及展览组织单位订购广告促销。

四、×年×月×日之前(3个月前)

1. 继续追踪产品推广活动。
2. 确定最后参展样品,并准备一批代表公司产品品质及特别的样品,贴上公司标签,展出时赠送给索取样品的客户。
3. 确定最后参展样品,并准备一批代表公司产品品质及特别的样品,贴上公司标签,展出时赠送给索取样品的客户。

4. 最终确定展位结构的设计。
5. 设计好访客回应处理的程序。
6. 培训本公司参展员工。
7. 排定展览期间的约谈。
8. 安排展览现场或场外的接待会。
9. 购买外汇。

五、×年×月×日之前(4天前)
1. 将运货文件及各种宣传资料放入公文包。
2. 搭乘飞机至目的地。

六、×年×月×日(3天前)
1. 抵达展览举办地,饭店登记。
2. 视察展览厅及场地。
3. 咨询运输商,确定所有运送物品抵达情况。
4. 指示运输承包商将物品运送至会场。
5. 与展览组织代表联络,告知通信方法。
6. 访问当地顾客。

七、×年×月×日之前(2天前)
1. 确定所有物品运送完成。
2. 查看所定设备及所有展会用品的可靠性及功能。
3. 布置展位。
4. 最后敲定所有的活动项目。

八、×年×月×日之前(1天前)
1. 对摊位架构、设计及用品做最后的检查。
2. 将促销用品发送至配送中心。
3. 与公司参展员工、翻译员等进行展览前的最后演练。

拓展提高

会展策划书的基本格式

一、策划书名称

尽可能具体地写出策划名称,如"×年×月××活动策划书",置于页面中央,当然可以写出正标题后将此作为副标题写在下面。

二、活动背景

这部分内容应根据策划书的特点在以下项目中选取内容重点阐述,具体项目有:基本情况简介、主要执行对象、近期状况、组织部门、活动开展原因、社会影响以及相关目的动机。其次应说明问题的环境特征,主要考虑环境的内在优势、弱点、机会及威胁等因素,对其作好全面的分析(SWOT分析),将内容重点放在环境分析的各项因素上,对过去、现在的情况进行详细的描述,并通过对情况的预测制订计划。如环境不明,则应该通过调查研究等方式进行分析加以补充。

三、活动目的、意义和目标

活动的目的、意义应用简洁明了的语言将目的要点表述清楚;在陈述目的要点时,该活动的核心构成或策划的独到之处及由此产生的意义(经济效益、社会利益、媒体效应等)都应该明确写出。活动目标要具体化,并需要满足重要性、可行性、时效性。

四、资源需要

列出所需人力资源,物力资源,包括使用的地方,如教室或使用活动中心都详细列出。可以列为已有资源和需要资源两部分。

五、活动开展

作为策划的正文部分,表现方式要简洁明了,使人容易理解,但表述方面要力求详尽,写出每一点能设想到的东西,没有遗漏。在此部分中,不仅仅局限于用文字表述,也可适当加入统计图表等;对策划的各工作项目,应按照时间的先后顺序排列,绘制实施时间表有助于方案核查。人员的组织配置、活动对象、相应权责及时间地点也应在这部分加以说明,执行的应变程序也应该在这部分加以考虑。

这里可以提供一些参考方面:会场布置、接待室、嘉宾座次、赞助方式、合同协议、媒体支持、校园宣传、广告制作、主持、领导讲话、司仪、会场服务、电子背景、灯光、音响、摄像、信息联络、技术支持、秩序维持、衣着、指挥中心、现场气氛调节、接送车辆、活动后清理人员、合影、餐饮招待、后续联络等。

六、经费预算

活动的各项费用在根据实际情况进行具体、周密的计算后,用清晰明了的形式列出。

七、活动中应注意的问题及细节

内外环境的变化,不可避免地会给方案的执行带来一些不确定性因素,因此,当环境变化时是否有应变措施,损失的概率是多少,造成的损失多大,应急措施等,也应在策划中加以说明。

八、活动负责人及主要参与者

注明组织者、参与者姓名、嘉宾、单位(如果是小组策划应注明小组名称、负责人)。

注意:

1.本策划书提供基本参考方面,小型策划书可以直接填充;大型策划书可以不拘泥于表格,自行设计,力求内容详尽、页面美观。

2.可以专门给策划书制作封页,力求简单、凝重;策划书可以进行包装,如用设计的徽标做页眉,图文并茂等。

3.如有附件可以附于策划书后面,也可单独装订。

4.策划书需从纸张的长边装订。

5.一个大策划书,可以有若干子策划书。

思考练习

一、填空题

1. 会展计划的种类很多,按内容可分为_____会展计划和_____会展计划。
2. 会展计划可以采用_____、_____或条目式。
3. _____是对会展工作预先做出打算和安排的文书。
4. 会展计划的种类按_____划分,有国家会展计划、地区会展计划、部门会展计划、单位会展计划等。
5. 会展计划的"三大要素"是:_____、_____、_____。

二、简答题

1. 简述会展计划的含义。
2. 会展计划的特点有哪些?
3. 会展计划的结构由哪几部分组成?

学习任务5 会展申办报告

任务概述

会展申办报告是举办一次会展活动的前提条件,是向上级机关请求指示、批准的文书,是申办文案中最重要的文件。它的作用主要是陈述申办的理由和所具备的条件、优势;统领所有的申报文案。

任务目标

- 了解会展申办报告的含义
- 掌握会展申办报告的分类
- 掌握会展申办报告的结构与写法

学习内容

一、会展申办报告的含义

申办报告是向上级机关请求指示、批准的文书,是申办文案最重要的文件。其他配套的申办文件,如可行性报告、有关方面的支持函、与承办单位签订的协议书等,都可以作为申办报告一起上报。

就国内机构提交的申请报告来看,可分为两种:一种是国内机构请求批准在国(境)举办自行发起的会展。目前,这类申办报告的法定名称尚不统一,有的称为"报告"(如中国商会的规定),有的称为"申请报告"(如科技部的规定),还有的统称为"申报文件"。由于国内机构申请举办会展都是上级机关或级别较高的主管部门审批,因此,实践中许多单位将申办(请)报告称为"请示"。另一种是国内机关申请举办国际组织的会展活动,这时,申办机构要向国内的有关主管机构请示,获得同意后再向发起会展活动的国际组织提交申办报告。

二、会展申办报告的分类

1. 出国办展项目申请报告

境内具有组办出国办展活动相适应的经营业务范围的法人,包括企业、事业单位、社会团体、基金会、民办非企业单位法人,向国外经济贸易展览会主办者或展览场地经营者租赁展览场地,并按已签租赁协议有组织地招收其他境内企业和组织派出人员在该展览场地上展出商品和服务的经营活动。组展单位请求同意出国办展的文件称为出国办展项目申请报告。

2. 国内办展项目申请报告

国内机构请求批准在国(境)内举办展览的经营活动,主办单位请求同意国内办展的文件称为国内办展项目申请报告。

三、会展申办报告的基本内容

目前,我国的会展审批体制分条分块,各审批部分对申办报告的内容规定也各不相同,从一般角度考虑,向国内审批机关提交的会展申办报告应当包括以下内容:

1. 会展活动的名称。

2. 主办单位和承办单位的名称及分工。

3. 历届会展活动的基本情况。

4. 本届会展活动的背景、目的、意义、宗旨、条件、主题、与会者或参展范围、活动形式等。

5. 举办时间和地点

时间要求具体到日期,如有特殊情况可只报年月、会期或展期;地点要求具体到城市。

6. 会议人数、展览面积

国际会议申请需提供人数和国外代表人数,不含我国港、澳、台地区代表。展览面积指展览实际有效面积。单独举行的国际展览只需要申报展览面积。如会议与展览同时举办,则需另提供参加会议的人数。

7. 经费来源

主要包括申请会展项目发展扶持基金、申办方投入、通过市场化手段筹集资金、获取银行支持、申请政府拨款等。

8. 申办国外展,要说明工作人员在外停留天数、出访路线等。

9. 会展联系人、联系办法、电话、传真、电子邮件地址和网址等。

10. 附件

比如，申请举办重要国际会议以及1 000平方米以上的展览应提交可行性研究分析报告、作为主办方或支持单位的政府机构同意函、举办地主管部门的意见。

四、会展申办报告的结构与写法

会展申报报告的形式有两种：一种是文章式，一种是表格式。

1. 文章式的结构与写法

(1)标题。一般应当写明申办机构名称、会展名称和申办报告。

(2)主送机关。写明负责审批的机关名称，不能多头主送。

(3)正文。正文逐项写明申办报告的基本内容，要求条理清晰、层次分明、语言简明。包括展览名称、展览主办单位、承办单位或协办单位、展览时间、展览地点、展览面积、展览内容等。

(4)附件。申办报告都有附件，应逐项标明每份附件的序号及名称。

(5)落款和日期。在正文的右下方写明申办单位的名称，再换行写明提交日期。

例文1

民办学校的申请报告

×××教育局，×××政府：

根据《中华人民共和国民办教育促进法》及其实施条例和有关规定，×××拟申请筹办×××学校，现将有关情况报告如下：

一、办学理由

20世纪90年代初，我国民办教育事业开始兴起并蓬勃发展，国家对民办教育也采取了政策扶持，开辟多种渠道吸引社会力量办学。《社会力量办学管理条理(试行)》《民办教育促进法》的颁布，为民办教育的发展提供了法律保障。

为了适应社会主义市场经济发展的需要和经济全球化对人才的需求，为了充分利用资源优势，为社会提供优质的教育服务，决定举办一所民办学校，让在×××××××居住的外来工随迁子弟学生享受到优质教育服务。

二、举办者概况

×××，男，××岁。××××××××人。一贯热心于党的教育事业，在广州×××××××等地都办有多所学校，有丰富的办学经验。

三、拟办学校名称与办学地址

学校名称：××××

学校地址：××××

四、办学目标

为社会培养合格的九年义务教育学生(附设幼儿园)

五、办学规模

计划开设××个标准教学班(中学×个班，小学××个班)。

六、办学层次与形式

层次：小学教育、初中教育。

形式:全日制。

七、招生范围及对象

招生范围:周边居住的外来工随迁子弟。

招生对象:九年义务教育阶段的适龄少年儿童。

拟开学时间:20××年×月×日。

八、办学条件

资金:×××先生经过了多年创业,积累了资金,而且具有融资的能力,有足够的资金做保证,具有可持续发展的投资条件。

人才:学校将向社会招聘有国家认定相关学历和教师资格的、有丰富教育教学经验的优秀教师,并形成了一支高素质的管理队伍和骨干教师队伍,有擅长筹备学校的创业人员,有擅长精细管理的管理人员,并且有比较多的教师资源储备,也将在办学所在地招聘一些会粤语的教师。

教育理念:校长和管理干部都是科研型、专家型、复合型的人才,不但有校长的资历,而且有成功的管理经验;都有教育科研成果和先进的教育理念,工作具有开拓性、创造性。

九、内部管理体制

学校规模:××个教学班(中学×个班,小学××个班)。

领导班子:校长1名,教务主任1名,德育安全主任1名。

管理体制:董事会领导下的校长负责制。

十、办学经费筹措与管理使用

学校占地面积×××××××平方米,××建×栋×层建筑面积约××××平方米的标准教学楼和×栋×层建筑面积为×××××平方米的宿舍综合楼,由×××××投资,预计总投资人民币××××元。学费收取将按××市物价备案的标准收取,学校将充分利用优质教育资源,吸取民办学校管理先进的经验,发挥社会办学的优势,借助民办教育快速发展的强劲东风,把学校办成高起点、高品位、高质量、高效益的现代化学校。

请上级领导早日批复为盼。

申请人:×××

20××年×月×日

2.表格式

表格式的申办报告由审批单位统一制作申请表,列出各项具体内容,由申请单位按照要求逐一填写并加盖章。

例文2

民办学校审批表

申请单位(个人)				
详细地址				
联系电话		邮政编码		
申请内容					
培训对象				
培训规模				
培训形式				
培训工种或专业	培训工种或专业	培训目标	培训时限	所选用教材
许可证编号				
有效期	自　　年　　月　　日至　　年　　月　　日止			
备注				

填表说明：

1. 本表一式三份，申请单位(个人)、审批和备案机关各一份；

2. 呈报本表时，须附所办职业(工种)的培训大纲、培训计划及所选用的教材；

3. 个人申办社会培训机构，"主管部门意见一栏"由申请人户口所在地政府部门填写；

4. 本表中"机构名称"，是指由审批机关按照规范社会培训机构名称要求所确定的名称，由审批机关负责填写；

5. 本表一律由钢笔或毛笔填写，如填写内容较多，可另加附页。

拓展提高

申请书的格式

申请书是个人、单位、集体向组织、领导提出请求,要求批准或帮助解决问题的专用书信。

1. 申请书的分类

申请书的使用范围相当广,种类也很多。按作者分类,可分为个人申请书和单位、集体公务申请书。

注意事项:

(1)申请的事项要写清楚、具体,涉及的数据要准确无误。

(2)理由要充分、合理,实事求是,不能虚夸和杜撰,否则难以得到上级领导的批准。

(3)语言要准确、简洁,态度要诚恳、朴实。

2. 申请书的格式

(1)标题。有两种写法,一是直接写"申请书",另一是在"申请书"前加上内容,如"入党申请书""调换工作申请书"等,一般采用第二种。

(2)称谓。顶格写明接受申请书的单位、组织或有关领导。

(3)正文。正文部分是申请书的主体,首先提出要求,其次说明理由。理由要写得客观、充分,事项要写得清楚、简洁。

(4)结尾。写明惯用语"特此申请""恳请领导帮助解决""希望领导研究批准"等,也可用"此致""敬礼"礼貌用语。

(5)署名、日期。个人申请要写清申请者姓名,单位申请写明单位名称并加盖公章,注明日期。

例文3

申请书

尊敬的××:

  我是×××,郑重地向××提出××××这一申请。

  ××××××××(根据实情详细说明原因)××

  我(希望/愿意/一定……)(申请成功后我会怎样)。

  希望××能够(批准/考验/接受)我。

此致

敬礼

申请人:×××
××××年××月××日

思考练习

一、填空题

1. 就国内机构提交的申请报告来看,可分为两种:一种是国内机构请求批准在国(境)举办自行发起的会展,另一种是_____。

2. 会展申报报告的形式有两种:一种是_____,一种是_____。

3. _____是向上级机关请求指示、批准的文书,是申办文案最重要的文件。

4. 主办单位请求同意国内办展的文件称为_____。

5. 组展单位请求同意出国办展的文件称为_____。

二、简答题

1. 会展申办报告有几种形式?

2. 会展申办报告的结构包括哪几部分?

3. 简述会展申办报告的主要内容。

单元要点归纳

本单元主要介绍了会展市场调研文案的写作，主要是指会展调查问卷和调查表的设计及会展调查报告的写作；会展理想策划书是为策划举办一个新会展项目而提出的一套办展规划、策略和方法，它是对以上各项内容的归纳和总结；会展项目立项可行性研究报告就是在对会展立项进行可行性分析的基础上完成研究报告；会展计划是预先对会展工作做出的打算和安排的文书，申办报告是会展活动申办文案中最重要的文件。通过学习，要求掌握会展计划、组织阶段的文案写作知识及方法。

第三单元　会展运作阶段的文案（上）

单元概述

会展运作阶段文案是一个展会能否取得成功的基础。会展运作阶段文案涉及范围广，要求相关撰写人员具有较高的综合素质，心思缜密，并具有一定的工作经验。本单元作为会展运作阶段文案的上篇，主要介绍了会展招展文案和招展函、会展招商文案及观众邀请函等内容。

本单元共包括三个学习任务，分别是：会展招展文案及招展函、会展接待方案、观众邀请函。

单元目标

- 掌握会展招展文案包含的内容及写作要求
- 掌握会展招展函包含的内容及写作要求
- 了解编制会展招展函的原则
- 了解会展招商方案的内容及写作要求
- 掌握参展商、观众邀请函的内容结构及写作要求
- 了解参展商、观众邀请函的相关知识概念

学习任务 1　会展招展文案及招展函

任务概述

招展文案和招展函是对招展工作的整体规划和总体部署,是会展运作阶段拟写的相关文案,对会展工作有着重要的影响。

任务目标

- 掌握会展招展文案、招展函包含的内容及写作要求
- 了解编制会展招展函的原则
- 掌握会展招展文案、招展函的基本含义

学习内容

一、会展招展文案的含义

会展招展文案是在招展策划的基础上,为展位营销而制订的执行方案,是对招展工作的整体规划与总体部署,是展会策划诸多方案中的核心方案之一,对会展的招展工作有着重要的影响。

二、会展招展文案的基本内容

会展招展文案的基本内容涉及面十分广泛,总体而言,本任务将从以下几个方面进行讲述:

1. 根据产业分布的特点,建立目标参展商数据库

从宏观上介绍和指出展览题材所在行业在全国的分布特点、各地区的产业发展状况和该产业结构状况,以此来建立目标参展商数据库。

(1) 目标参展商。它是办展机构认为可能会来参加展会的企业和单位,这些企业不仅包括展览题材所在行业的企业,还应该包括一些与题材所在行业有关联的行业的企业。展会的招展工作是以掌握这些目标参展商企业的基本数量、特征和分布状况为前提的。

(2) 收集目标参展商的信息。信息收集渠道包括行业企业名录、商会和行业协会、政府主管部门、专业报刊、同类展会、外国驻华机构、专业网站、电话黄页等。

(3) 目标参展商数据库的信息内容。它是指对展会招展有重要价值的信息,主要包括企业基本信息、企业生产的产品种类、目标市场、企业规模。

(4) 建立目标参展商数据库的原则。主要包括数据库要有一定的数据量;分类科学合理;数据真实可靠;全球查找和检索;可以及时修改;数据库的用户界面友好、简洁、一目

了然;数据库要适合在局域网上使用,支持多用户同时使用;对数据库基本的修改要有一定的权限限制,不能随意对数据库的数据加以修改。

2. 展区展位的划分

现代展览都以展品类别划分展区,再根据不同场馆每个展区的场地特征划分展位,如图3-1。合理地划分展区和展位对于展览招展和更好地吸引目标观众到会参观、提高参展商的展出效果、进行展览现场服务与管理等有着十分重要的作用。在大型展览中,专业题材展区可以是一个或几个展馆,也可以是展馆的某一部分。

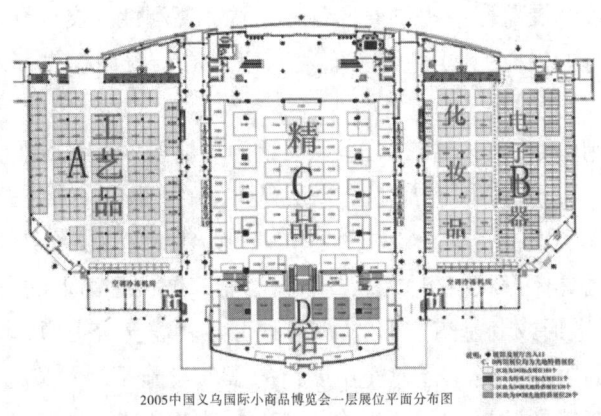

2005中国义乌国际小商品博览会一层展位平面分布图

图3-1 义博会一层展区分布

(1)划分展区和展位的原则。划分展区和展位的原则一般包括按专业题材划分展区;要有利于提高展会的档次;要有利于观众的参观;要有利于提高参展商的展出效果;要有利于展会现场管理和现场服务;合理安排展会的功能服务区域。

特别提示

展览区域的服务功能

展览区域的服务功能,如登记处、咨询处、洽谈区、休息区、新闻中心等对展览整体效果而言起到了画龙点睛的作用。因此,在划分展区和展位时,在考虑展览展示区域的划分的同时,应重视对相关区域服务功能的统筹安排,如图3-2。

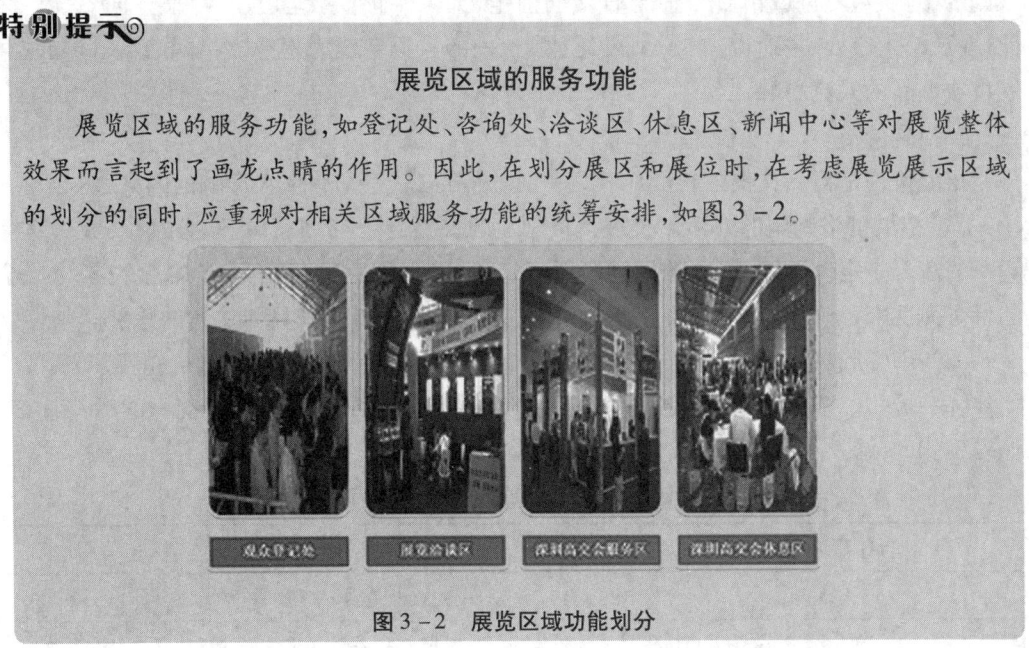

图3-2 展览区域功能划分

（2）展区与展位的分配。对于办展机构而言，要根据预测和报告参展的初步意向划定特装展位区和标准展位区。主要方法有：先到先分发（报名时间）；打分法（对参展商评估打分）；抽签法；预订法；竞标法。

（3）划分展区和展位需要注意的问题。需要注意的问题主要包括四个方面的内容，如下所述：

统筹兼顾目标客户的需求。在划分展区和展位时做到统筹兼顾，就是要在以办好展览和符合展览需求的前提下，对展览所有的展位做功能性安排，最大限度地兼顾展览组织机构、参展商、观众以及展览服务提供商的各方利益和便利性。展区和展位的划分首当其冲考虑的是展览本身的需要；其次，参展商、观众以及展览服务提供商对展区与展位安排的特殊需要。

因地制宜地利用场馆空间。要充分考虑展馆的场地条件，因地制宜。例如，无论是标准展位或是光地展位，所有参展商都不希望要有柱子的展位。因此，如果场展有柱子，就应该考虑有效地将柱子安排在某个特殊的展位中（以参展商不会提出异议为准）。比如，不同参展商对展位的具体形状有不同的要求，有的希望展位是岛形的，有的希望是半岛形的，也有的希望是通道形或者是道边形的，展位划分时就需充分考虑这些因素。

合理安排展馆的服务设施。合理安排展馆的服务设施是展览安全的重要保证，要保证任何展位都不能遮挡展馆里的重要安全设施，如不能遮挡消防栓、堵塞消防和安全通道、遮挡电箱等。展馆入口处需要合理预留参观人流聚散的区域，展场的通道要达到规定的宽度，方便参观人流通行。

充分考虑参观人流的活动规律。展览参观人流的形成和流动规律对展区和展位划分的影响，是需要充分考虑的重要因素。展览参观人流的形成和流动有以下特点：因受交通规则的影响，人流进展馆后习惯于直接向前走，如果不能直接向前就习惯于向右转。因此，在展馆入口处、主通道、服务区和大型展位前的人流会较为集中，容易导致人群围观某展位或展品的人流高峰现象。

3. 招展价格

招展价格是招展文案的核心内容之一，也是对招展工作有重大影响的因素之一。

（1）招展价格制定的要素。招展价格制定的要素与下列因素有关，分别是：充分考虑竞争的需要来定价；结合展会的发展阶段来定价；结合展会的价格目标来定价；考虑展会的价格弹性来定价；考虑展会展览题材所在行业的状况、展区和具体位置的差别。

（2）招展价格折扣。主要分为统一折扣、差别折扣、特别折扣和位置折扣四部分。

统一折扣。按照参展商参展面积的大小对所有参展商都采用一个统一的折扣标准，如表 3-1 所示。

表 3-1　　　　　　　　中国国际铝工业展览会价格折扣方案

折扣额度	折扣条件
5%	展位面积在 48~100 平方米
10%	展位面积超过 100 平方米

差别折扣。针对不同的类型执行不同的价格折扣,如表3-2所示。按参展商的地区来源不同分别给予不同的折扣,对标准展位和空地展位执行不同的折扣标准等,如表3-3所示。不同时间不同价格,如表3-4所示。

表3-2　　　　第17届中国国际钟表珠宝礼品展览会展位类型及报价

展位类型	展位说明	展位价格
A型	9平方米(3米×3米),三面挡板(标准展位配置)	6 600元
B型	9平方米(3米×3米),两面挡板(标准展位配置)	7 200元
C型	12平方米(3米×4米),三面挡板(标准展位配置)	9 200元
D型	12平方米(3米×4米),两面挡板(标准展位配置)	10 200元
E型	12平方米(3米×4米),两面挡板(除标准展位配置外,含5个高柜)	16 000元
特装展位	参展商租用空地自行搭建展位	680元/平方米(48平方米起订)

表3-3　　　　上海国际专业灯光音响设备与技术展览会展位报价方案

区域/类别	光地价格	标准展位价格(3米×3米)
优越区(显要位置)	2 000元/平方米	23 000元/9平方米
普通区	1 400元/平方米	17 000元/9平方米
国内区	880元/平方米	8 800元/9平方米

表3-4　　大连国际动力传动与控制、空压机暨通用零部件制造装备展览会价格优惠方案

优惠条件	优惠措施
2005年12月31日前参展	惠赠免费会刊彩色广告1页或原展位价格优惠15%
2006年3月30日前参展	惠赠免费会刊黑白广告1页或原展位价格优惠10%

特别折扣。给予那些参展规模巨大、在行业内有较大影响力和知名度的企业的特别价格优惠。

位置折扣。根据展位的优劣情况而制定相应的价格,如表3-5所示。

表3-5　　　　　　　　杭州丝绸展展位价格

展位类型	9平方米	12平方米	15平方米	光地
一楼展厅	8 000元	10 600元	13 300元	800元
二楼展厅	7 000元	9 400元	11 800元	700元

(3)执行招展价格应注意的问题。执行招展价格应注意严格(统一)执行价格及价格折扣标准;加强对招展代理的招展价格管理;避免在招展末期低价倾销展位;严格控制差别折扣和特别折扣的适用范围。

4.招展代理

对展会招展代理的选择、认定和管理等做出分工安排,对代理佣金水平及代理招展的地区范围与权限等作出规定。

(1)招展代理的种类及来源。招展代理的种类一般分为独家代理、排他代理、一般代理、承包代理。

独家代理。它是指某一时期内将某一地区的招展权赋予某一家代理商独家负责,没有其他代理单位,本招展单位也不得在该地域内招展。业务范围较大,完成一定数量的招展任务。

排他代理。它是指某一时期内将某一地区的招展权赋予某一家代理商负责,没有其他代理单位,本招展单位可在该地域内招展。

一般代理。它是指在同一地区内同时委托几个代理商,本单位也可在该地区招展。需明确各代理商的招展权限。

承包代理。它是指代理商承包一定数量的展位,不论能否完成约定的展位数量,代理商都得按商定的展位费付给会展企业。

(2)代理商的资质考察。主要分为企业代理商、媒体的资质考察两个部分。企业代理商的资质考察主要包括过去的代理业绩;所熟悉的行业和业务范围;业务覆盖区域;营业执照,关注发证单位和有效期;人员数量;业务规模;办公地点;负责人的情况。媒体的资质考察主要包括发行量的大小;发行覆盖的地域;在行业内的权威性;对行业内企业的感召力和影响力。

(3)代理佣金的计算。佣金通常为摊位费的一个百分比。一般按15%~20%提取;国际通行惯例为在25%~30%这一区间内变动。采用累进折扣制,按招展的不同数量给予对应的佣金比例,提高代理商的代理积极性。佣金的支付方法:定期结算、定期支付;逐笔结算、汇总支付;逐笔结算、逐笔支付。

(4)代理机构管理。耐心解答潜在展商的问题;承担招展数量的任务;主动配合办展企业的计划(如招展进度);不得擅自调价;不得擅自改动展位;严禁任何有损企业形象的举动。

(5)代理商的权利和责任。代理商的权利包括按合同规定收取佣金、从办展机构获取招展必需的完整资料、按合同享受办展机构对展会及代理商的宣传推广支持、在规定的时间内预订的展位能得到保证。代理商的责任包括按合同规定的代理形式和条件切实履行职责,依法经营;对所代理的展览项目进行宣传推广;定期向办展机构有关负责人汇报情况;对办展机构划定的展位不得有异议;维护办展机构和展会的声誉和形象;按办展机构规定的价格(或价格范围)招展,按时收取和缴纳参展款(含定金);不得对办展机构制定的参展条件作私自改动;必须协助办展机构做好参展商的服务工作。

(6)代理风险的防范。多头对外的风险(招展条件不一致,招展价格有差异,对外口径不统一等);代理商欺骗客户的风险;损坏办展机构的声誉和形象的风险;收款和展位划分混乱的风险;展位临期空缺的风险。

(7)代理商的管理。坚持定期书面报告制度。

招展价格的控制。办展机构给予代理商的佣金和准许代理商给予参展商的折扣要分开,代理商无权给予参展商折扣价格。

参展商的参展费。原则上代理商不得直接收取参展商的参展费及其他一切费用。

收款与展位划定。代理商无权划位,确有必要,需书面建议并由办展机构书面答复确认。

(8)代理的聘用及代理期限。

聘用代理程序。取得必要的证明资料,对代理商进行资质验证;展会项目经理或业务员初步与代理商议定代理条件,项目总监或经理审查代理条件;公司负责人(总经理或副总经理)批准代理条件,签订代理合同。

代理期限。四种代理方式均试用一年(届),视业绩状况而确定是否继续代理;一般代理可向排他代理和独家代理提升;长期代理。

5. 招展分工

(1)各招展单位之间的分工。几个单位共同组办一个展会的情况,确定共同遵守的招展原则、各招展单位的计划招展面积、各单位负责的招展地区和重点目标参展商、展位费的收取办法、如何具体安排各参展商的具体位置等。

(2)本单位内招展人员及其分工安排。确定招展的人员名单,明确各招展人员负责招展的地区范围和重点目标客户名单,制定各招展人员的信息沟通和工作协调办法,制定统一安排展位的措施。

6. 招展宣传推广

(1)招展宣传推广的策略。它包括宣传推广的出发点、主题、亮点,突出个性化特色,从客户出发,处处体现客户利益。

(2)招展宣传推广的渠道。召开新闻发布会、专业媒体、邮寄宣传资料、同类展会上、网上、协会和商会、外国驻华机构、我国驻外机构

(3)招展宣传推广的时间和地域安排。与招展的实际工作紧密配合,走在招展工作之前,造声势、造知名度。时间上连贯,地域上因地制宜,不发生彼此冲突。

7. 展位营销办法

它是提出适合本会展展位营销的具体办法和实施措施,对招展人员的具体招展工作作出指引。

(1)展会展位营销的特点。有形产品营销与无形服务营销的结合,包括产品、价格、渠道、促销、人、有形展示和过程七个营销要素。

(2)关系营销。对于这个问题,本书将讲述关系营销的三层次和关系营销中的五大关系两个问题。

三层次关系营销:

财务性关系营销,是指以价格为手段,给予客户一定的优惠而留住老客户、吸引新客户,易被对手模仿。社会性关系营销,是指以个性化的服务和在财务关系的基础上寻求与客户建立起某种社会性联系的营销策略。强调营销人员与客户的关系。系统性关系营销,是指将企业参展和展会服务设计成一个服务价值传递系统,办展机构通过这个系统而不仅仅是营销人员个人与客户建立起紧密的关系。

关系营销中的五大关系:

基本交易关系,是指办展机构较少努力去联系客户,也较少做展后调查和咨询工作。

被动式关系,是指展会开、闭幕后,办展机构负责接待和处理上门咨询的客户。负责式关系,是指办展机构对客户的需要和感受采取负责任的态度,通过多种途径了解展会是否达到客户预期效果,并收集客户关于改进展会或服务的意见。主动式关系,是指办展机构经常主动与客户联系,询问客户对展会或其服务的感受,征询客户的意见和建议,并提供展会及其服务的新情况。伙伴式关系,是指办展机构与客户建立起高度亲密的关系。

(3)合作营销。合作营销是指办展机构有选择地与一些机构和单位合作,采取一些有效的策略,共同来对展会展位进行营销的一种营销策略。选择好营销的合作伙伴,并制定在营销过程需要大家共同遵守的营销规则。主要合作伙伴有行业协会和商会、国内外著名展览主办机构、专业报纸杂志、国际组织、各种招展代理、行业知名企业、国外同类展会、政府有关部门、外国驻华机构、网络等。

(4)直复营销。

直复营销的特点。它是一种互动的营销系统,使用一种或多种广告媒体,以实现在任何地方产生可以度量的回应和达到交易的目的;办展机构与客户之间可以双向交流信息,营销效果可以测量,确切地知道对营销进行回复的顾客比例和他们回复的具体内容。

直复营销的方式。它具体分为直接邮寄营销、电话营销、展会现场推广、直接拜访客户、其他媒体营销等多种方式。直接邮寄营销是指在细致甄别参展商数据库的基础上,将参展资料邮寄给目标客户。电话营销是指直接得到回应,有更强的针对性,在合适的时间打给合适的客户。展会现场推广是指面对面接触倾听目标客户的意见,并得到答复。直接拜访客户是指营销人员到目标客户的公司直接拜访,要求营销人员具有高明的营销方式,可适当派出办展机构的高层管理人员。其他媒体营销是指电视、广播和报纸杂志等方式。

(5)网络营销。网络营销的优势是方便查询、交互性好、减少成本、增强协作。网络营销的方式主要包括建立展会专门网络;行业专业网站上营销;自己网站与行业专业网站互联。

(6)公共关系营销。公共关系营销主要包括新闻宣传、公关关系广告、社会交往、公益或事件赞助。

8.招展预算

招展预算是对各项招展工作的费用支出做出初步的预算,以便展会能够及时、合理地安排各种开支的顺利支出。招展预算主要包括招展人员费用;招展宣传推广费用;代理费用;招展资料的编印和邮寄费用;招展公关费用;其他不可预见的费用。

9.招展总体进度安排

对展会的各项招展工作进度做出总体规划和安排,以便控制展会招展工作的进程,确保展会招展成功。

(1)新展会典型的招展进度计划

开幕前12个月,招展工作开始,有针对性地把招展宣传推广活动铺开,使行业内对该展会有一定的认知。

开幕前9个月,招展营业推广活动大规模实施,招展宣传推广活动转为对招展活动的直接支持性宣传,招展工作有一定的实际效果。

开幕前6个月,重点客户拜访工作基本结束,招展宣传推广活动范围缩小,目标更明确,展会招展任务完成大半。

开幕前3个月,展会招展任务基本完成,招展工作转为落实和巩固前期招展成果,实施各种客户跟踪服务,为展会顺利开幕作准备。

(2)招展进度计划表(图3-3)

时间	招展措施	宣传推广支持	计划完成的招展任务

图3-3　招展进度计划表

案例分析

福州迎春家用车赏车会

2011年12月18~19日,福州迎春家用车公园赏车会在福州温泉公园举行,结果两天来吸引了福州数万名车迷,现场直接销售汽车60余辆。

这一届车展,如果就参展商数量而言,规模不大,但就效果来说,不亚于福州的任何一次车展。此次参展车型基本上是家用车,有一汽大众、一汽丰田、北京现代、广州本田、斯柯达、东风标志、东风日产、东风悦达起亚、上海通用、上海华普、吉利汽车等品牌的主力车型参展。在目前的汽车消费中,家用车消费占据了汽车市场70%以上的绝对份额,并且这个比例还在上升。因此,本届车展是针对家用车消费的。针对家用车举行专业展,在福州乃至福建都是首次。

赏车会的口号是"让有品位的人赏识有品位的车",主办方在环境、情节、专业上费了一番工夫。福泉公园位于福州市最繁华的商贸区,环境优美、交通便利。其欧式的风格与时尚的家用车展相得益彰,车与环境的完美结合,实现了参展商的良好愿望。在现场,巴黎国际婚纱摄影向市民展示了经典婚纱秀,香车美女在欧式风格的公园里,高雅而和谐。

本届家用车展还注重培育汽车文化,举办了大型少儿汽车绘画展,200多个小朋友在现场以"家有爱车"为主题,描绘了对汽车的美好印象和有车生活的向往。"开心宝贝"专业儿童摄影为每位参与绘画的小朋友拍照,并提供奖品,小朋友的笑声成为展会的一道诱人的风景。

车展的两天里,参展车商收获很大。福州中机中泰汽车销售有限公司叶经理告诉记者:"这是我们首次参加在温泉公园举办的车展,虽然没有进行什么促销活动,但销售效果明显。从人流量、现场环境和气氛来看,这次车展很成功。"而销售量不大的车商也认为通过这次参展,宣传了品牌形象,提高了品牌知名度,让更多的消费者了解了自己的产品性能价格比。

  简评:这一案例市场定位准确(针对家用车);策划时间和地点得当;展会策划活动丰富,活跃展会气氛,聚集人气,吸引目标观众为参展商提供良好的展示环境。

三、会展招展函

1. 会展招展函的含义

  会展招展函是办展机构为了招揽目标参展商参展而对会展基本情况和将要达到的目标、任务进行介绍的文本文件。招展函的主要作用是向目标参展商说明会展的有关情况,引起他们参加会展活动的兴趣,提供相关资料给目标参展商。

  招展函是会展进行展位营销时的核心资料之一,也是目标参展商最初了解会展情况的主要信息来源。因此,招展函的策划和编印工作在会展的招展策划和展位营销工作中占有重要地位。

2. 展会招展函的主要内容

  展会招展函主要包括以下内容:

  (1)会展名称。会展名称一般放在会展招展函封面最醒目的位置,会展的名称一般用较大字体着重表示。如果会展是国际性的,会展的名称还包括其英文名称。

  (2)会展的举办时间和地点。会展的举办时间和地点一般放在会展招展函的封面。举办时间也可以放在招展函的内页,只不过放在封面的举办时间是会展的正式展览时间;放在内页的举办时间往往还包括会展的布展、撤展和对专业及普通观众的开放时间等。举办地点需要介绍会展场馆所在的城市位置、场馆容量、配套设施和周边环境等。

  (3)办展机构。办展机构包括会展的主办单位、承办单位、协办单位和支持单位等,有时候还包括会展的批准机构。它们通常被放在会展招展函的封面。

  (4)办展起因和办展目标。简要说明举办该会展的原因和将要达到的目标,如果是已经连续举办多次的会展,那么对往届会展的回顾将是十分必要的。

  (5)会展特色。用简洁的语言概括会展的特色,以易于传播为撰写标准。

  (6)展品范围。详细地列明会展的展品范围,有时候还包括会展的展区划分,供参展商做参展决策时参考。

  (7)价格。列明会展的各种价格,包括空地价格、标准展位价格、室外场地价格等。对于标准展位,一般还要对其基本配置做出详细说明。

例文1

2012 全国兽药、饲料暨畜牧产业设备博览会
招展函

时间:2012年4月23日~25日
地点:河南(郑州)中原国际博览中心

尊敬的参展厂家、单位:

首先,热烈欢迎您参加2012全国兽药、饲料暨畜牧产业设备博览会!

我国是农业大国,各地区人们都有养殖的传统。随着养殖业的发展,兽药、饲料已经走进了千万养殖场中,为中国的养殖业发展起到巨大的促进作用。农业部数据显示,2011年我国饲料总产值达6 000亿元人民币。而作为中国第一养殖大省的河南省,兽药、饲料的年总产值已经达4 000亿元。随着市场的发展,每年都有将近10%的增长率。兽药、饲料已经成为独立的一个行业,并不断地向前发展。

河南省位于中国中部,自古就有得中原者得天下之美誉!河南物产丰富,交通便利,是中国重要的交通枢纽。被称为"商都"的河南省会郑州市不仅是七大古都之一,而且商业、运输业、饲料业都在全国市场占有重要地位。特别是郑州市的兽药、饲料批发市场更是中国兽药、饲料的集散地。河南农村人口众多,养殖业发达。河南现在已经有标准化养殖场85 000个,河南双汇等大型企业都有自己的养殖基地,这数十万的养殖场对兽药、饲料的需求将是巨大的市场!

为了展示和推广全国兽药、饲料企业形象和产品,同时为了响应党的"农民增收、农民富裕"的目标,为实现畜牧业和谐发展,站在"服务三农"的高度,决定在河南郑州举办"2012全国兽药、饲料暨畜牧产业设备博览会"。

展示企业产品,拓宽销售渠道,实现跨越发展,2012美丽郑州期待您的到来!

全国兽药、饲料暨畜牧产业设备博览会组委会

■展会亮点

1.精简范围,做专业展会。本届博览会专注做兽药、饲料、畜牧设备展会,组委会坚信,只有专一,才能专业。不做大而杂,只做精品展会,为展商提供实实在在的服务。

专业展会公司市场化运作,努力提高服务水准。本届展会由郑州神舟伟业展览展示服务有限公司全程市场化运作,多年展会管理经验班底全程市场化运作展会,坚决杜绝重招展、轻宣传的模式,一流团队,打造一流展会。

2.高额宣传资金投放,追求展会服务一流。组委会筹资近百万用于展会服务系统投资,启动会前养殖场、经销商广告DM直投,会中知识产权维护、精准式营销策划服务,会后建立展商网络交易社区等,打造最专业会展服务。

3.强势媒体同步,打造展会网络宣传之最。联合50余家国内行业网站、报刊,同步展会筹备进展及直播展会现场风采,践行强势广告宣传模式为展会营造氛围。

4.高端行业论坛,精辟解析行业发展趋势。邀请行业专家、行业知名人士共同探讨畜牧业发展现状、趋势,打造行业高端论坛。

■合作媒体:《大河报》、《齐鲁晚报》、中国饲料工业信息网、中国饲料行业信息网、《兽药市场指南》、南方饲料信息中心、博亚和讯、《中国畜禽种业》、《北方牧业》、《畜牧市场信息报》、《猪家翻译》、《中国兽药原料》、《国外畜牧学猪与禽》、《中国动物保健门户》、《山东畜牧兽医杂志》、《江西畜牧兽医杂志》、《今日畜牧兽医》、《湖北畜牧兽医》、《四川畜牧兽医》、《畜禽业》、《兽医导刊》、《畜牧与兽医》、《江西饲料》、35941饲料网、35941兽药网、35941展会网、山东饲料行业信息网、中国饲料人才网、久久饲料行业信息网、《饲料博览》、《当代畜禽养殖业》、《山东养猪通讯》、《山东饲料通讯》、《益农瞭望》;畜牧狼才网、中国饲料原料信息网、中国养猪网、维普会展频道、中国畜牧街、中国兽药网、好养殖网、114养殖网、爱畜牧、中国畜牧兽医器械采购网、猪e网、兽药直销网、华夏网、阿里牧-中国畜牧商城、猪猪网、兽药交易网、爱猪网、中国动物保健、中国农林卫视网、中国畜牧养殖网、中国农业会展网、中国动物保健门户网、兽药114、国畜牧设备网、国际畜牧网、中国农业总网、金泉网、中国畜牧兽医展会信息网、农民养殖网、兽药信息网、农牧人才网、畜牧经理网、中国畜牧招商网、畜牧人、中国养殖商务网、农民养殖网、兽药信息网、福牧网、火爆展会网、火爆农资招商网、中国农化招商网、火爆兽药饲料招商网、中国技术网、生态养猪网、畜牧团购网、东北畜牧兽医网、中国饲料添加剂信息网、鸡病专业网、湖南饲料工业信息网、东北畜牧兽医网、山东畜牧网、山东猪业信息网、益贸通。

■展会主题:科学畜牧 生态畜牧 安全畜牧

■展会宗旨:产业形态精辟呈现 供销渠道和谐发展

日程安排:报到布展:2012年4月21日至22日

开幕仪式:2012年4月23日09点30分

展示交易:2012年4月23日至25日

闭幕撤展:2012年4月25日14点以后

■参展范围

机械设备展区:兽药机械(原料药设备及机械、制药用水设备、药用粉碎机械、药物检测设备、饮片机械、药品包装机械、药品包装及包装材料);饲料机械(成套饲料加工生产线设备、破碎机与永磁筒设备、冷却器与喷涂设备、牧草加工设备、清理与除尘设备、混合机与搅拌机设备、回转分级筛振动筛设备、闸门三通与分配器设备、喂料机与输送机设备、称重包装设备、烘干机干燥机与稳定器设备及其他相关设备);养殖设备(饮水饲喂设备、屠宰设备、环保设备、消毒防疫设备、通风控温设备、孵化设备);兽用器械(诊断检测设备、人工授精设备、兽医器械)。笼床栏具(限位栏、群养栏、测情公猪栏、漏粪地板、耳孔钳、挡猪板、分娩栏、发酵床、保育栏/床、兔笼、母猪产床、鸡笼、鸽笼);其他设备(畜产品包装材料及包装设备、辅助工具、乳品机械、管理表识工具)

兽药展区:兽药(猪、牛、羊、鸡、鸭、鹅药);水产药;宠物药;毛皮动物药;特种养殖药;西药、中药原料;兽药辅料;制药制剂;水针、水分;原药中间体;添加剂原料;生物制药;消毒剂原料;疫苗;血清制品、诊断制品、微生态制品、中药材、中成药、化学药品、生化药品、放射性药品及外用杀虫剂、预混剂、特异产品、兽药原料、药物添加剂、畜禽疫苗、诊断试剂、生物制品、兽药、疫苗等动物保健品等饲料展区:畜科、禽科、水产科、宠物科、特种养殖料;植物性原料、动物源性原料及其他原料;饲料添加剂;饲料级保健促长剂;抗氧防腐剂;色素香味素诱食剂;辅料与载体;饲料产品添加剂预混合饲料;精料补充料;浓缩饲料;畜禽水产配合饲料;貂狐等特种动物饲料、植物饲料、生物饲料等。

■优惠须知

1. 凡于 2011 年 12 月 31 日前参展并交齐参展费用的,组委会免费提供三星级标间一个(三天),逾期不再享受此项优惠。

2. 本届展会采用特装形式参展且面积达到 36 m² 以上的企业,组委会将免费赠送价值 4 000 元会刊彩页广告一版、网站推广一年、经销商通讯录一本。

■收费标准

特装空地【36 平方米起租】		标准展位【3×3=9 m²】	
国内企业	600 元/m²	单开口	4 800 元
国外企业	100 美元/m²	双开口	5 500 元

注:本届展会设"总冠名"一家;协办单位两家。组委会备有详细回报办法以供索取查阅.

■媒体宣传

1. 展会运作期间通过 80 多家电视台、报纸、杂志、网站、行业网站进行同步宣传推广。

2. 通过电话邀请及登门拜访对中部六省 180 000 多家专业养殖场和经销商进行专业邀请。

3. 组委会印发 30 万份邀请函交付全国各大行业协会发往全国各地养殖户和当地经销商。

■联系方式

联系单位:神舟伟业展览展示服务有限公司

联系地址:郑州市东风路与园田路交叉口向北 100 米龙泉快捷酒店 4 楼

联系人:　　　　手机:　　　　邮箱:

联系电话:　　　　传真:

网址:

3. 招展函编写的要求

(1)简洁明了。招展函的编写应该简洁明了,重点突出,语言流畅,让目标参展商在最短的时间内迅速捕捉到有价值的信息,忌语言晦涩冗长。

(2)内容准确。招展函需要将展会的关键信息,如时间、地点、价格、办会原则等准确无误地传达给目标参展商,不能夸大其辞,以免与现实不符引起的纷争。

(3)形式新颖。应在众多的招展函中脱颖而出,让观者赏心悦目,起到一定的宣传价值,但是需要注意投入成本不宜过高,以免过于奢华而失去了招展函的实用性。

(4)便于携带。招展函一般是通过招展工作人员携带而传到目标参展商手中,因此,招展函的制作样式不宜过于复杂,以免给招展工作带来不便,反而增加办展成本。

拓展提高

展会招展、招商与宣传推广的关系

1. 展会招展

通过各种方式将那些产品（服务）与拟办展览会主题相符的制造商、供应商、成果拥有者、服务提供者吸引进展览会，让其在展览会上展示和推销自己的产品、服务和技术成果。

2. 展会招商

与招展对应，是办展机构通过各种方法和渠道邀请观众到展会参观的活动过程。邀请尽量多的有效观众到会参观，要尽量能给各参展商带来所期望的观众。

 拓展提高

两组观众概念

第一组

专业观众。从事展会上所展示的某类展品或服务的设计、开发、生产、销售或者服务的专业人士或者用户。专业观众又称贸易观众。

第二组

有效观众。到会参观的专业观众以及参展商所期望的其他观众，为展会所必需，所占比例不能低于30%。展会参展商所不期望的那些观众，对展会可有可无，但可以增加人气和活动气氛，扩大知名度。

3. 展会宣传推广

通过各种宣传媒介将展览会向外推广的活动过程；宣传推广对促进招展招商具有重要的推进作用，范围更为广泛。

思考练习

一、填空题

1. 对会展的招展工作分工做出安排，包括_____、_____、本单位内招展人员分工安排等。
2. 会展招商方案是对会展招商工作的_____规划和_____部署。
3. 会展招商方案邀请的重点观众是那些符合会展需要的_____。
4. 通过大众媒体进行招商的招商对象主要是针对_____的。
5. 展区和展位的合理划分，要结合会展的_____和_____。

二、简答题

1. 简述会展招展文案的基本内容。
2. 简述招展价格的相关要素。
3. 招展函的撰写需要注意哪些事项？

学习任务 2 会展招商文案

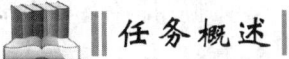

会展招商文案的策划工作在会展的招展策划中占有重要的地位,招商文案的写作应具有准确、简洁等要求。

- 掌握会展招商文案的含义
- 了解招商文案的结构与写法

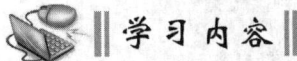

一、会展招商文案的含义

会展招商文案是在展会招商和宣传推广策划的基础上,通过各种方法和渠道,为寻求合办者、支持者、赞助商(如冠名赞助、指定产品赞助等)、会展名称及标志的使用权受让者、广告主以及招展客商和邀请观众而撰写的文案。

二、会展招商文案的结构与写法

1. 制定招商文案的依据

制定依据一般包括会展展品的主要消费市场的地域分布状况和需求情况、展览题材所在行业及其相关产业在全国的分布状况、相关产业在各地区的发展现状、各有关产业的企业结构及分布情况。

2. 会展招商分工

根据展会的实际需要和办展机构的工作计划,对展会的招商工作作出分工安排,包括对各办展机构合作的展会的招商分工和本单位内部招商人员及招商工作的分工。

(1)各办展机构合作的展会的招商分工。主要包括共同遵守招商原则;做好各单位的招展地区或行业及重点目标观众的划分;对招商费用的预算和支付办法的规定;对重点目标观众的邀请和接待安排;有一个主要负责单位,考虑各单位的长处。

(2)本单位内部招商人员及招商工作的分工。主要包括确定招商人员的名单;明确各招商人员负责的地区范围和重点目标市场;制定各招商人员的信息沟通和工作协调办法;对重点目标观众要制定统一的接待安排计划。

3. 招商渠道和措施

主要包括专业媒体(投放广告)、大众媒体(投放广告)、有关行业协会或商会(利用其强大号召力)、国内外同类展会(现场推广本展会或争取合作机会)、参展企业(自己带客户)、网络招商、各种招商代理、政府有关部门在展览期间举办的活动等。

4.招商宣传推广计划

招商宣传推广计划主要包括对配合会展招商所做的各种招商宣传推广活动规定和安排,主要通过新闻发布会、媒体、邮寄的方式进行推广活动;推广时间与招商实际工作的进展相结合,要因地制宜,在重点时间段和招商地区要加大推广力度。

5.招商预算

对各项招商活动的费用支出做出初步的预算,以便会展及时、合理地安排各项项目费用的支出。

6.招商进度安排(图3-4)

对展会的各项招商活动进度做出总体规划和安排,以便合理控制展会招商工作的进度,确保展会有足够的参展商和一定质量度观众到场。

时间	招商措施	宣传推广支持	计划达到的招商效果

图3-4 展会招商进度计划表

拓展提高

招商策划的程序和注意事项

1.确立目标

招商策划是招商过程的第一步,那么,招商策划程序的第一步又是什么呢?策划程序的第一步是确立目标。只有目标确立了,策划工作才能做到有的放矢。确定目标包括三个方面:第一,要达到的目标是什么;第二,围绕目标进行随后的一切工作;第三,目标是否得到了实现。比如,要策划一次海外的新闻发布会。在策划过程中,首先要确定这次新闻发布会的目标是什么?我们要达到一个什么目的?通过新闻发布会,我们或者是要让世界了解我们的投资环境,了解我们的优惠政策,提高我们的知名度;或者是推出多少项目。目标确立之后,随后要围绕目标搜集各种资料,制定各类方案,最后检查目标是否得到了实现。

2. 广泛收集各方面资料

招商策划程序的第二步是广泛地、大量地收集信息，获取情报。信息收集对招商工作来说，显得尤为重要。从一定程度上来说，招商过程就是一个收集信息、寻找机遇、寻求合作伙伴的过程。一个地区、一个单位的信息流量大、信息面广，就有可能获得较多的招商机会，取得较好的招商成绩。如果信息闭塞，与外界交往甚少，要想招到较多的项目是不可想象的。因此，在招商策划中，收集资料、获取信息是非常重要的一环。收集信息时要把握如下几个要点：第一，既要注重信息的针对性，但也不要放过信息的广泛性。如我们策划新闻发布会时，事先理所当然要重点收集与新闻发布会相关的资料及信息，但也不要放过附带而来的一些资料及信息。因为有时稍加留心就可以获得一些意外收获。第二，要注意改进收集资料、获取信息的手段。信息瞬息万变，信息交换日益频繁，信息流量不断增加，获取信息的方式也在不断更新。我们要尝试采用各种先进的手段来收集信息。第三，要对信息及时加以处理，并提高加工处理信息的能力。信息是有时效性的，一定期限内信息才有价值，过时的信息是一钱不值的。我们要提高对信息的分析、处理和加工能力，对信息进行深加工，从而使信息的价值量大增。

3. 制订各类招商方案

制订方案是招商策划的一个重要程序，因为方案的优劣直接影响招商策划后几个程序的进行，直接关系到招商效果的大小。因此，必须极为重视招商方案的制订这一环节。

招商方案的制订要考虑两个因素：一是方案的可行性，二是方案的可选择性。制订招商方案要切合实际，制订的目标要能够实现，或者说经过努力能够实现。不能不顾实际和可能凭空拍脑袋，不切实际，制订无法实现的方案。所谓方案的可选择性，就是指要同时制订各类方案，以利于决策人物能比较选择其中最优的方案。为什么要同时提出各类招商方案？这是因为方案的提出与实施之间有一个时间差，在这个时间差里，可能会由于政策、市场或政治、军事、文化等因素的变化而使整个招商环境发生改变，从而使原先制订的招商方案无法实施。如果我们同时制订几类招商方案，当一个方案不可行时可以实施另一个方案，这样就能化被动为主动。比如，在策划海外的新闻发布会时，可以预先提出在美国、德国或日本举行等几类方案，以利比较选择。

4. 比较选择各类方案

各类招商方案提出来了，比较选择其中最合适、最理想的方案也就成为招商策划中一个带有决策意义的重要环节。如果方案选择得好，继而进行的招商工作就有可能取得好的成绩；如果方案选择不当，就会影响效果。

那么，如何比较选择各类招商方案呢？第一，要考虑招商方案是否与我们招商工作的长远战略目标相一致。前面已经提到，招商是一项系统工程，我们对本地区、本单位的招商工作要站在战略的角度进行准确的目标定位，在组织一项具体的招商活动时，首先要考虑招商方案是否与我们长远的招商目标相一致。第二，要选择成功率较高的一种方案。成功率的大小与方案的科学性和创造性有关，也与外方的政治、经济、宗教、文化、地理等因素有关，要选择双方有良好合作意向，把握较大的招商对象。第三，要选择成本较小，而效果又相对较好的一种方案。成本包括机会成本和货币成本。机会成本是指我们在得到一个机会时而又失去另一个机会所付出的代价。如我们决定到美国招商的同时,失去了在日本招商的可能性。我们在比较选择方案时,要选择机会成本和货币成本都较小,而效果又较好的一种方案。

5. 方案的实施

方案的实施就是将招商方案付诸实际、付诸行动的过程。一般说来,实施的方案是在各类招商方案中经过了严格筛选和充分论证的,是可行和可靠的方案。因此,实施过程中要遵守原方案中制订的程序、原则和操作办法,不得随意变更时间、地点、出席会议的人员等,在万不得已的情况下才改变会议的有关事项。方案的实施一般是一段较为集中的不太长的时间,如举办一个招商会一般只是一星期左右。在方案的实施期内,参加招商会的有关人员最好每天开个碰头会,交流当天的工作情况,明确下一天的工作任务。这样做可以避免工作的盲目性,使大家做到心中有数,有利于在工作中互相支持,加强协调。招商会有其自身的特点,招商方案也有其不同一般的特性。招商方案的实施过程中,尤其要注意信息的捕捉和资料的收集、储存、整理,这样才能保证招商会获得尽可能大的收获。因此,在整个招商活动期间,需组织尽可能多的力量,主动出击,广交朋友,挖掘新的信息,建立新的招商渠道。

6. 方案实施后的跟踪和反馈

招商方案较为集中的实施阶段结束后,并不是招商方案全部过程的完结,更不是招商策划的终止。要圆满地完成整个策划工作,还有一道必不可少的程序——方案的跟踪、反馈。跟踪得好,能巩固和扩大招商会的成果,达到事半功倍的效果;跟踪得不得力,则有可能前功尽弃。因此,策划者要极为重视方案的跟踪、反馈工作。

跟踪和反馈主要表现在以下几个方面。第一,主动征询和收集外方(他方)对整个招商方案(如招商会)的意见。在外商或他人眼里看来,本次招商活动成功的地方在哪里?需要改进和注意的地方在哪里?通过收集这些反馈意见,对以后进行类似的招商策划和制订招商方案能有所借鉴。第二,对在招商活动中所捕捉到的信息要继续跟踪,对新接触的外商要保持联系,不要出现招商会一结束,信息和来往就随之终止的局面。对有意向的合作项目,要在方案实施之后创造条件促其尽快签约。第三,对在招商活动中已签约的项目要加快立项和报批工作,促使项目尽早上马,促使外资尽快到位,使合作项目进入实质性的实施和建设阶段。第四,对如何做好方案实施后的跟踪反馈工作也应制订一个方案,分工到人,明确职责,并定期检查跟踪、反馈工作的成效。

思考练习

简答题

1. 简述会展招商方案的含义。
2. 会展招商文案的主要结构有哪几部分组成?

学习任务3 参展商、观众邀请函

任务概述

参展商邀请函、观众邀请函等都是会展活动运作阶段中的业务方案,吸引力大,针对性强,与展会活动的档次质量紧密结合,它是会展活动顺利展开的基础。

任务目标

- 掌握参展商、观众邀请函的写作要点及内容
- 了解参展申请表和参展确认书的写法

学习内容

一、参展商邀请函

1. 参展商邀请函的意义

参展商邀请函是一种以个别发送的方式邀请特定的法人、其他组织或个人参展的文案。参展商邀请函的基本内容与招展公告相差不大,一般也分为详细和简要两个版本,内容简要的参展商邀请函一般要同时附寄参展说明书。

特别提示

> 参展商邀请函与招展公告的区别在于:前者的邀请对象是明确的、特定的,因此一般采取个别发送的方式;后者的邀请对象具有不确定性,因此必须采取公开的方式发布,而且知晓的范围越广越好。

2. 参展商邀请函的结构和写法

(1)标题。标题一般是有参展商的名称和"参展商邀请函"组成。

(2)称谓。由于参展邀请函是发给特定对象的,因此一定要写称谓,即邀请单位的填写单位名称。邀请个人参展则必须写个人姓名,并冠以敬辞。

(3)正文。要逐项表达参展商邀请函的内容,可以先用一段文字简要介绍展览会的名称、主办方,然后点出"诚邀贵单位(公司)参展"这一主题,再用"现将有关事项告知如下"作为过渡,引出主体部分。主体部分多采用序号加小标题的形式,也可通篇仅一自然段落展开说明。

(4)落款。落款写出主办单位或组委会的名称。

(5)发出日期。发出日期写明实际发出的日期。

例文1

2011中国智能产业博览会参展商邀请函

尊敬的_____女士/先生：

"中国智能产业博览会"由中国人工智能学会发起主办，得到科技部、教育部、工信部、中国科协、中国科学院、中国工程院、国家自然科学基金委等部委机关大力支持，并与中国电子学会、中国通信学会、中国计算机学会、中国自动化学会、中国系统仿真学会、中国图形图像学学会、中国仪器仪表学会、中国宇航学会、中国认知学会等10余个社会团体单位结成战略联盟。本次展览会还得到了美国人工智能学会（AAAI），欧洲人工智能联合会等国内外学术团体的鼎力合作；本届智博会将打造成为全球规模最大的智能科技产业展览之一，展示内容涵盖了整个智能产业的各个领域。

以"智能体验，智慧生活"为主题的2011中国智能产业博览会，由北京东方炬峰展览有限公司承办，将于2011年9月16日～18日在北京全国农业展览馆（新馆）隆重举行。本次展览会展览面积约20 000平方米，设立六大主题展区，共设展位700多个。届时，北京全国农业展览馆将创造和演绎一幕幕盛况空前的"智能智慧大比拼"。通过举办"高端峰会对决"、"智能互动体验"、"智能产品评比"、"智能科技展示"和"项目成果签约"等15项重大活动，来推进智能技术成果的转化，探求学术、科技与产业的多边共赢之路，为全球的智能科技产业专业人士提供了良好的交流和投资平台。也将成为推动中国智能产业居于国际前沿的发展平台。并且，智能科技产业领域的创新与合作，必将成为中国未来科技整体发展与创新的原动力。

组委会将邀请国内外从事云计算、物联网、智能电网、智能交通、智能通信、智能家居、智能机器人、智能建筑及智能IT产品在内的300余家企业前来参展，涉及30多个行业，共同展示智能新能源、智能新成果、智能新产业、智能新生活的美好前景。

主办单位将邀请国内外1 200余名企业精英和专家学者、经销商、工程商等代表参会，还将有中央和首都新闻单位在内的100多家媒体前来采访报道，将在全社会形成"迎智博、新体验、兴智能、促和谐"的浓厚氛围。

诚挚邀请您参加"2011中国智能产业博览会"，并预祝您生意兴隆、财源广进、万事大吉。

一、展览会日程安排

1. 招展截止日期：2011年8月20日。
2. 报到及布展日期：2011年9月14、15日。
3. 开幕式日期：2011年9月16日。
4. 展览活动日期：2011年9月16～18日。
5. 撤展日期：2011年9月19日。

二、参展范围（下列产品的供应商，提前申请锁定优势展位）

智能机器人、物联网、云计算技术设备、智能电网技术与设备、智能通信网络技术、智能交通技术与设备、智能建筑、家居家电、虚拟现实、仿真技术、智能控制、智能仪表、智能软件与计算机技术、智能卡与识别技术设备等智能科学技术成果。

三、收费标准(国际标准展位9平方米,光地无任何配置,特装搭建须向组委会申请)

	国内企业		境外企业		备注
光地	￥1 280元/m²	36 m² 起租	400元/m²	36 m² 起租	光地需另向展馆交20元/m² 管理费
标准展位	9 m²	￥12 800元/个	9 m²	4 000元/个	双开口加收1 000元

注:标准展位配备中英文企业楣板、1张洽谈桌、2把折椅、2个射灯、1个220 V插座。组委会提供服务:

1. 参展商的交通、住宿推荐。
2. 小型展具的租赁服务。
3. 免费在会刊上刊登300字以内企业简介及赠送会刊一本。
4. 展会期间提供24小时保安服务。

备注:需要在展览期间做新技术、新产品发布的参展企业,可向主办单位提出申请。申请新技术、新产品发布的参展单位可按主办单位后续发放的服务申请表的要求提交演讲题目、演讲人、演讲场次(每天上午9:00~12:30、下午13:30~18:00)等申请资料。如果另外有什么需求,需提前向组委会提出申请,以组委会指定日期为准。

2011中国智能产业博览会组委会
2011年1月28日

例文2

2011上海户外运动用品博览会
邀请函

尊敬的各位新老客户、各位合作伙伴:

你好!

一、展会概况

中国在飞速发展经济的同时,越来越注重健康娱乐,通过户外运动来调剂都市快节奏的生活:野营、钓鱼、攀岩、登山。近年来,随着这些户外运动的兴起,与之相关的户外装备用品也逐渐成为商家掘金的新焦点。有业内人士预测,中国的"大户外"市场正呈直线上升趋势,"大户外"概念在中国所蕴藏的市场将会超过100亿元人民币。一批户外用品贸易商也应需而生,形成了一个新的市场消费点。1 200亿元的市场潜力、20亿元的年销售额、1亿人的参与范围,户外运动已经悄然成为一个新兴产业。

根据市场分析,上海、北京、宁杭、广东已经成为中国户外市场的四大中心,绝大多数的品牌商和零售店、户外俱乐部都集中在这四个区域。在这个相对分散而又快速增长的市场里,"2011上海户外运动用品博览会"为国内外的户外用品企业搭建起一个全面、权威、专业的户外商贸服务平台,同时更是一场集结广大喜爱户外运动的朋友们交流心得、了解行业的的盛会。我们力求为参展商以及买家打造理想的贸易洽谈环境,积极推动户外运动行业信息、文化互动交流,让莅临展会现场的参展商与买家近距离亲密接触,凸显展会"双赢"的宗旨。

二、展馆介绍

我们的展馆:上海东亚展览馆。展馆总面积4 515平方米,层净高达12米,水、电、中央空调、网络系统等各项设施一应俱全,可承接各类中等规模展览会。同时,上海东亚体育文化中心还拥有其他室内展览场地约3万平方米,户外展览场地约3.5万平方米。东亚展馆地处上海市徐汇区人气极旺的黄金地段,城市公交和轨道交通网络密集,由此,大量的贴近市民生活和消费的各类展示会、咨询会——如各类大型的教育咨询会、消费用品展示会、汽车主题展示会、设计与装潢展等等的活动连绵不断。

三、本届展会优势

1. 打造全新的展览模式—"足迹"户外运动主题公园

SOTE2011颠覆其他传统的商业展会形式,融入丰富的户外运动元素,以《"足迹"户外主题公园》的形式使每一位来到展会现场的参与者都仿佛来到了有山、有水的户外。同时,通过身临其境的山坡、水流、碎石等8个主题环节以及富有互动性、趣味性的攀岩挑战、帐篷体验、摄影比赛等一系列户外体验活动。为莅临展会的每一位观众呈现远离喧嚣的户外情境,体验非比寻常的户外展会之旅。除此之外,参展商的产品优势、特性也能得到更快、更直接、更淋漓尽致的展现,从而加深观众对参展商的品牌印象。

2. 强大的媒体宣传力度,展会影响声震寰宇

《五星体育传媒》是全国知名的体育传媒,是上海乃至整个华东地区专业度、辐射度、知晓度最广的体育传媒机构。此次SOTE2011与其强强联手,在开展前2周起每天在五星体育广播做预热宣传;开展期间更有整整2天的电台现场直播报道,届时,五星体育的记者站将进驻展会现场,记者们将在整个馆内进行巡馆采访报道;另外,在五星体育电视频道、上海东方卫视或上视新闻综合的黄金时段新闻中也有展会盛况及开幕式的播报。SOTE2011如此强大的电台、电视台等大众媒体宣传绝对是其他同类展会无法比拟的,相信为展商带来的宣传效果和收益回报是可以直接预见到的。

同时,我们与行业内的众多专业媒体如:上海热线、搜狐户外中国户外运动网、中华户外网、中国户外装备网、中国运动休闲网等近100家媒体建立了亲密的合作关系,并结合电台专栏访问、网络、杂志、报刊广告、手机报等各方资源定期发布展会信息,使更多的人掌握展会的动向。全方位覆盖的媒体宣传保证了各位行业人士、户外爱好者、普通大众对SOTE2011关注度、参与度,从而更直接、有效地提高了参展商的参展效果。

3. 庞大的行业资源,为您邀请更多专业观众

主办方凭借自身雄厚的渠道资源,通过包括上海市登山协会在内的各大协会、爱好者俱乐部、优秀加盟商等行业内组织内部组团参观展会;并在展前的一整年内向全国一、二、三线城市的户外用品经销商发放至少20 000份邀请函;组委会还与国内外各大户外用品展建立着良好的合作关系,每年将派20多名业务人员前往各大展会派发展会资料,力保SOTE2011专业观众的质量、数量。

4. 更专业、更人性化的服务理念

SOTE2011秉承了欧洲户外展"专心服务于户外产业"的经营理念,配以完善的操作模式以及资深的展会人才,并始终以"人性化服务"作为办展方针:为参展企业推荐专业

的搭建商、在展会现场增设咨询台、开辟洽谈休息区等方便参会人员的交流,提升展会的服务品质。

5. 璀璨明珠,地理位置决定商机

SOTE2011的举办场馆——东亚展览馆位于上海徐汇区黄金地段,毗邻上海八万人体育馆以及旅游集散中心,人流量极大,有着方便快捷的交通网络及周边配套娱乐休闲设施,这也将吸引更多的国内外人士前来参观。展品范围:

(1) 户外用品装备

户外包:登山包,腰包/挂包,旅行包,摄影包,洗漱包,生存包,手臂包,防水包;户外鞋:登山鞋,徒步鞋,高山靴,攀岩鞋,溯溪鞋,沙滩鞋/凉鞋,户外休闲鞋,雪地鞋、胶鞋。

户外服装:冲锋衣裤,抓绒衣裤,速干衣裤,户外衬衣,户外T恤,迷彩衣裤,快干/保暖内衣裤,羽绒/棉服,滑雪衣裤,毛衣风衣,休闲衣,裤骑行服,马甲背心。

服饰配件:帽子,手套,头巾,护耳,户外眼镜,围巾,围脖,雨衣/雨披,雪套,套脚户外袜子。

野营出行装备:帐篷,睡袋,防潮垫,地席水壶/水具炉具,炊具,通讯/导航,刀具工具,手电筒/灯具望远镜/眼镜登山杖/手杖毛巾/清洁防护/救生地图。

(2) 专项户外运动装备

垂钓装备,登山/攀岩/攀冰装备,自行车及骑行装备,滑雪装备,水上船艇,潜水装备,冲浪/滑水装备,风筝/滑翔伞,马术用品,滑板、蹦极用品,漂流用品。

(3) 其他综合类

露营食品类:快餐、易携带/高能量的食品,野生食用、药用植物等;户外用品出口代加工厂商,物料、原材料等生产制造厂商。

其他:DV、生存演示、户外保健、野战、旅游及露营专题出版物等。

参展费用:

展台类型	标准展位9 m²(3 m×3 m)	室内光地收费(36 m²起租)
展位价格	10 800元/个	800元/平方米

注:1. 标准展台:提供信息桌一张,椅子两把,中英文公司楣板一条,220 V电源插座一个,射灯或日光灯两只,摊位内满铺地毯。

2. 光地:须36平方米起租,无任何设备。另需向展馆支付搭建管理费,向指定搭建商支付电箱费。

3. 凡在申请展位7日内将参展费用或50%预付款电汇或交至主办单位,余款于2011年4月10日前付清;凡在指定日期2011年4月1日后签约报名参展的企业须在签约盖章后一周内付清全款。

4. 特装修单位,现场施工管理费、水、电费自理,特装修公司在布展前15日将装修图纸邮寄到主办单位办公室审批并签安全责任书。

四、广告服务

展会会刊:免费刊登全部参展商名录及企业简介。文字内容以回执表或邮件为准,中英文对照。《会刊》为32开(规格为210 mm×140 mm)铜板彩印。刊登广告采取自愿原则。会刊广告费用:

会刊封面	/	彩色插页	￥2 500元
封二	￥7 500元	插页跨版	￥5 000元
封三	￥6 000元	黑白插页	￥1 000元
扉页	￥7 000元	封面内跨版	￥10 000元
封底	￥8 000元	封底内跨版	￥10 000元

为了保证《会刊》按时发布及制作质量,参展商应于2011年4月1日前提供广告稿。

增值服务:

1.凡是参加展会的展商,可以将公司的LOGO链接到展会的官方网站长达一年;

2.超过54 m^2 以上的客户,只要是50%的订金付后,我们可以根据展商的需要免费提供30~100个不等的国内外经销商或代理商的名录,让客户提前做生意;(专业观众的来源:展前3个月公司将派出30名同事前往全国一、二、三、四级城市寻找户外用品经销商及代理商,向同类知名展会共派发近20万张门票邀请观众)

3.超过54 m^2 以上的客户,可以有优惠折扣;

4.现场最人性化的服务:免费提供小型拖车、免费搬运小件货物、免费派发资料等。

五、时间、地点、主办单位等情况

展会时间:2011年5月6~8日

布展时间:2011年5月4~5日

撤展时间:2011年5月8日14:00~19:00

展会地点:上海东亚展览馆

批准单位:中国国际贸易促进委员会上海浦东分会

主办单位:上海浦东国际展览公司

承办单位:上海浦东国际展览公司、上海优莱客展览服务有限公司

独家网络支持:地纬商机网

六、媒体支持

五星体育广播、五星体育电视频道、上海东方卫视、上视新闻综合、《东方体育日报》、《新民晚报》、《新闻晨报》、《东方早报》、上海热线、搜狐户外、新浪-绿人网、慧聪网-运动休闲网、中国户外运动网、中华户外网、中国户外装备网、中国运动休闲网、中国体育用品网、中体奥资源、中国露营网、中国进出口商品网、装备之都、发现资源网、人民体育网等。

七、配套活动

"足迹"户外运动主题公园——打造全新的展览模式,通过身临其境的攀岩挑战、帐篷体验、摄影比赛等一系列富有互动性、趣味性的户外体验活动,SOTE2011为您呈现远离喧嚣的户外情境,感受非比寻常的展会经历。

八、报名须知

申请参展时,请将企业的营业执照、组织机构代码复印件传真至主办方,准备好参展项目、产品等相关资料,以备审核。

如欲了解更多详情,欢迎致电咨询:上海优莱客展览服务有限公司
参展顾问:
电话: 传真:
地址:上海市浦东新区民生路1518号金鹰大厦B座201A
邮编: E-mail: QQ:
MSN: 网址:www.ulike.cc

上海优莱客展览有限公司
20××年3月10日

二、参展申请表

1. 参展申请表的意义

参展申请表又称参展注册申请表、参展回执、参展报名表等,是参展单位向主办单位或组委会申请参展并租赁展位的文件。参展申请表由主办单位或组委会统一印制,随同招展公告或参展商邀请函一起发布,由申请单位按要求填写,并在报名截止时间之前提交。

2. 参展申请表的内容

(1)参展单位的基本情况,包括名称、性质、地址和联系方式等。

(2)参展的名称、性质和数量。

(3)拟租展位的规格、数量、展位费。

(4)如需在缴纳租金后再确定其参展资格,可要求填写付款方式和日期。

(5)提交申请表的方式(邮寄、传真或网上提交)和截止日期。

(6)备注条款。

3. 参展申请表的结构与方法

(1)标题。标题写明展览会的名称和文种。

(2)正文。正文包括展位名称、楣板名称、联系方式、参展方式、费用总额、参展人数等内容。正文采用表格式或表格加条款式。

(3)落款。落款由申请单位填写全称并盖章。

(4)填表日期。

例文3

CRE2014 中国餐饮业联合采购大会
暨中国餐饮食材、设备用品及信息化展览会
参展申请表(代合同,编号:_____)

招展单位				经办人		联系方式	
时 间	2014年9月25日—27日			地点	中国进出口商品交易会琶洲展馆C区14.2—15.2号馆		

参展商基本资料	单位名称	中文					
		英文					
	单位地址					邮编	
	联系电话		传真			网址	
	联系人		职务		手机	邮编	
	参展展品						
	目标观众						

宣传推广方案	参展	空地展位	空地:880元/m²	平方米,展位号:	费用:	元
		标准展位	标准展位:8 800元/9 m²	个, 展位号:	费用:	元
		标准展位:3 m×3 m,(双开口加收15%)含3面围板,楣板,1张洽谈桌,2把椅子、2支日光灯、1个13A插座,展位地毯及会刊文字介绍; 空地展位:36平方米起租,含净场地租赁费和会刊介绍,不含展馆收取的施工管理费及电费。				
	奖项申报(免费)	□中国餐饮品牌供应商　　　□中国餐饮业最佳信息化解决方案(软件)供应商 □中国最受餐饮业欢迎的商业地产项目　　□广东省餐饮业杰出供应商 □广东省餐饮行业推荐使用产品　　　　　□其他(请说明):				
	会刊广告	□封面　□封底　□扉页　□封二　□封三　□跨页　□彩页　费用:				
	现场广告	空飘气球:　个,彩色拱门:　个,其他:　　　费用:				
	印刷广告	参观券:　张;VIP请柬:　张;手提袋:　个;采购商证:　个; 参展商证:2个,费用:				
	现场活动	本公司预定于　月　日　时　至　时,在展馆内会议室赞助　□新食材、新技术、新营销、新地产专场路演　□采购对接大会　□论坛等;预计安排　人参加,需要组委会协助邀请专业采购商　家,会务组织费用:　元。				
	赞助意向	□晚宴　□大会　□论坛　□颁奖典礼　□比赛指定用品　□晚宴指定礼品,费用:				

(续表)

付款方式	费用合计	以上费用合计人民币： 元，实收： 元			
	付款信息	汇款账户	广州世纪商联会展有限公司	说明：汇款时请注明"餐饮展"。	联系方式： 电话:020 -2886 5282 传真:020 -2236 7265
		银行账号	44001580107059001027		
		开户银行	建设银行广州电力支行		
	参展商填妥《参展申请表》并加盖公章后传真至组委会，经组委会出具《参展确认书》后，展商在5个工作日之内将全部参展费用汇入组委会指定账户，并及时传真付款底单，以便核查，组委会以收到全部参展费用为最终确认参展商展出资格。				

申请单位(盖章)		组委会(盖章)	
签约代表	日期	签约代表	日期

三、参展确认书

1. 参展确认书的含义

参展确认书又称参展确认函或展位确认书(函)，是主办单位在受到参展申请单位的参展申请表或注册申请表并经过审查，确认其具备参展资格后，向其发出的同意参展的文件。

2. 参展确认书的结构和写法

(1)标题。标题一般要写明展览会名称和"参展确认书"或"展位确认函"。

(2)称谓。称谓写确认对象的名称。

(3)正文。参展确认书的正文一般比较简略，只要表明同意对方参展的意见即可，也可以告知具体的展位号和进场布展的时间及要求。

(4)落款。落款写主办单位或组委会的名称并盖章。

(5)发出日期。

例文4

广州第十四届电视购物博览会参展确认书

＿＿＿＿＿＿(先生/女士)

尊敬的客户：您好！欢迎参加"2012 广州第十四届电视购物博览会"，贵公司申请的展位经组委会已确认，届时请按时报到。具体参加事项，请遵照大会的展场管理规定及2012广州第十四届电视购物博览会招商书及参展商需知的有关细则执行。在此预祝贵公司展出成功！

一、展位确认书存根

参展公司楣板名称： 展位号：

公司地址： 邮件：

联系人：　　　　　　　　　　　　　手机：
联系电话：　　　　　　　　　　　　传真：
日　　期：
展览地点：广州市锦汉展览中心2号馆首层
报到地点：广州市锦汉展览中心白云厅
布展时间：3月9日(11:00~17:00)(特装另加3月8日下午1点~5点)
展会期间：3月10日~11日(9:00~17:00)
电视购物高峰论坛：3月9号(14:00~17:30)

二、参展需知

1. 各参展单位于3月9日(11:00~17:00)统一进场布展(特装材料3月7号23时后进场，3月8日下午1点开始进场布展)，原则上不得加班，对非加班不可的参展单位，自行向展馆申请加班。

2. 所有参展代表必须凭代表证进出展场，对进行布(撤)展工作的工人，可由各参展单位负责人统一带入，但必须控制人数，布(撤)展期间，其他人员一律不得入内。

3. 撤展工作开始前，所有展品只能带入，不能带出。如有特殊情况，需要到组委会申请出货单。

4. 各参展单位在规定撤展时间前不得撤展，不得私自转租展位。

5. 请自觉爱护展厅设备，不准在墙、地面和展板、展架上敲钉打洞、刷涂涂料，不得使用各种粘贴材料，如确需要在展板和墙壁上使用即时贴等粘贴材料进行布展的单位，在展览结束后必须清理干净，否则不予办理撤展手续。布展和展览期间，如损坏展馆设施及展具，照价赔偿。

6. 如果参展单位在展场内的活动有损于公众利益，组委会办公室有权禁止。参展单位陈列的视听设备必须放置妥当，其音量应调至适当，以免影响他人。(注：严禁使用专业音响设备)

7. 各参展单位布展期间不得在展馆内进行大规模施工(如木工活)，所有展品必须在展馆外加工成成品或半成品后进入展馆进行组装。

8. 展场内运输请使用橡胶轮或尼龙轮手推车或平板车，展位内配备的设备、展具等任何人不得随意移动。

9. 为保证展场的用电安全，展场内的一切固定电气设备，包括安装在展架上的照明灯具等，各参展单位不得擅自拆动或增减。

10. 每个标准展位用有固定的插座。各种射灯、灯箱和其他电气设备的安装必须由现场专业电工负责，不得私自接拉电线，严禁私自使用电热杯、电热锅等与展览无关的电气设备。

11. 展场内严禁吸烟。

12. 各参展单位撤展时，应先到组委会办公室办理撤展手续，经核准，撤展展品和展品清单无误后，方可撤展出馆。

13. 需要租赁设备的客户，务必选择组委会指定的租赁机构(即报道处旁的租赁处)，选择其他非正式租赁机构租赁设备的,后果自负。

广州第十四届电视购物博览会组委会

联系人:　　　　　　手机:

四、观众邀请函

1. 观众邀请函的含义

观众邀请函是办展机构根据展会的实际情况编写的、用来进行展会招展的一种宣传单。观众邀请函是专门针对展会的目标观众尤其是那些专业观众而发送的。针对性强,效果好。观众邀请函一般是通过直接邮寄的方式发送到目标观众手中。所以,观众邀请函发送也有赖于目标观众数据库的建立和完善。观众邀请函一般在展会开幕前一个月左右开始向目标观众直接邮寄。但对于国外观众,观众邀请函的邮寄时间一般提前到开幕式前三个月到半年开始邮寄。

2. 观众邀请函的内容

观众邀请函的内容主要包括:

(1)展会的基本内容。展会的基本内容包括展会的名称、举办时间和地点、办展机构、展会的LOGO、本展会简单介绍等。

(2)展会招展情况。展会招展情况包括展出的主要产品、参加展出的新产品和展会招展情况,一般还会将一些行业知名企业的参展情况进行重点通报。

(3)展会期间计划举办的相关活动。列举展会期间举办的相关活动的时间、地点和主题,以便观众提前安排时间和准备。

(4)参观回执表。包括参观申请的联系办法和联系人等,方便观众预先登记。

3. 观众邀请函的写作要求

观众邀请函的内容比展会通讯更简洁、更集中,其所有内容都在于吸引观众到会参观。因此,对展会的特点、优势、展品和参展企业的介绍就成为观众邀请函最为主要的内容。当然,如果展会已举办过多届,那么对上届展会简短的总结也常常是观众邀请函所包含的内容。

例文5

第三届中国防雷技术与产品展观众邀请函

尊敬的_____先生/女士:

您好!

第三届中国防雷技术与产品展将于十月十二日至十七日在新落成的深圳会议展览中心2号馆举行。中国国际高新技术成果交易会是国家级的展览会,会展规模、成交总额逐年增长,已成为我国在国际上最知名的高科技盛会。

此次防雷展作为高交会的一个内容,借助高交会的国际影响力,势必将中国的防雷产业渗透至各个应用领域,进一步彰显其行业特性,从而推动防雷产业不断发展。本次大会吸引了一批业内实力雄厚的国内外知名厂商参展,如南京菲尼克斯、施耐德、深圳威尔利、盾牌、北京爱劳、上海西岱尔、依州电子(美国ITW)、浙江神龙、成都兴业雷安等。展览范围包括防雷、防浪涌产品、防雷工程技术、防雷元器件、防雷检测、电磁兼容产品等各个类别的最新技术与产品。

　　第三届中国防雷论坛将于十月十三日至十四日在深圳远东大酒店举行。秉承成功举办前两届中国防雷论坛的经验与优势，此次大会通过长时间的论文征集，最终从百余篇投稿中精选出部分论文作为大会主讲论文。主讲论文涵盖了防雷技术领域的各个方面，包括防雷管理、雷电物理、雷电探测技术和应用研究、防雷技术标准探讨、雷电灾害实例和分析、雷电防护技术与应用、防雷产品和测试仪器的开发及应用。

　　第三届中国防雷论坛暨防雷技术与产品展，无论是参展商，还是展品都具有很强的行业代表性，论坛也集中了国内众多权威专家，对于产品需求与日俱增、技术要求越来越高的广大防雷用户而言，这无疑是一个集中了解行业趋势、采购优质产品、交流学习前沿技术的难得契机。

　　我们专诚邀请您参观本届防雷会展，期待与您相会在深圳。

　　顺颂商祺！

深圳市中电创意会展有限公司

　　Tel:86 – 755 – 8361 6186　Fax:86 – 755 – 83224480
　　E – mail:info@ lightning. com. cn
　　Website:www. lightning. com. cn

请填妥以下表格并回传至 0755 – 83224480，您就有机会获得高交会免费参观门票（价值 50 元）。

观众邀请函回执表

我欲参观展览		我欲参加论坛	
姓名		单位名称	
从事行业		职位	
地址		邮编	
联系电话		传真	

例文 6

ISH China 2010 展会贵宾邀请函

_____（先生/女士）

　　我们很荣幸地邀请您作为贵宾参加 2010 年 3 月 10 日 12 日在北京国家会议中心举办的 ISH China 展会的开幕式，并诚挚邀请您出席由法兰克福展览公司与全国工商联家具装饰业商会共同举办的一系列高规格的同期活动。

　　ISH China 2010 是中国领先的卫生洁具及暖通空调展览会。此次展会将迎来 300 余家海内外展商参展，其中包括科勒、乐家、吉博力、A. O. 史密斯、阿里斯顿、百得、八喜、博世、卡莱菲、意乐、法罗力、吉博力、嘉科米尼、威能和菲斯曼等一系列国际著名品牌。

一、开幕式

日期:2010年3月10日(星期三)

时间:上午9:00~10:00

地点:国家会议中心大厅(北京市朝阳区天辰东路7号)

开幕式结束后,我们还邀请您参加以下精心筹备的各项活动。

二、顶尖技术在中国的精彩诠释——顶级家用锅炉制造商联合新品发布会

日期:2010年3月10日(星期三)

时间:10:00~12:00

地点:国家会议中心306会议室(会议区3楼)

德国威能、意大利阿里斯顿、意大利依玛、意大利法罗力、法国德地氏和意大利八喜这些业界顶级企业同时进行家用壁挂炉的新品发布,且所有产品均是首次登陆中国大陆。该项活动将让您领略到家庭供暖系统对家居环境的重要性。

三、2010北京建筑装饰设计暨国际浴室设计趋势论坛

日期:2010年3月10日(星期三)

时间:13:00~16:30

地点:国家会议中心311会议室(会议区3楼)

除了让您了解2010年中国家居建筑设计理念的最新趋势外,主办单位还邀请来自德国卫浴协会的国际专家现场进行"欧洲十大卫浴发展趋势"的精彩演讲,该演讲内容涉及的国际趋势系由德国卫浴协会悉心整理及严格评估的结果,诸多创新理念在国内均属首见。另外,业界著名的吉博力公司也将在论坛上就最新的浴室节水技术进行发言。

四、除上述活动外,展会现场将设三大主题展示区

1. 展示区一:Design Plus获奖设计展示

Design Plus源自德国法兰克福的一个重要的产品设计奖项,是由世界闻名的德国Industrie Furom(简称IF,国际设计论坛)与德国法兰克福展览公司共同举办的设计竞赛,用以表扬具有特殊创意概念的设计,及为形态和实用性方面带来突破的功能性设计产品。本届展会的来宾将有幸一睹2009年度Design Plus的得奖设计的精华部分。

2. 展示区二:全球十大浴室流行趋势展示

德国卫浴协会VDS评估整理出的全球浴室流行设计趋势现场展示区,配合论坛的报告内容,使所有来宾获得更为直观的感受。

3. 展示区三:2010"吉博力杯"北京建筑装修设计大赛作品展示主办单位将邀请业界著名的设计师们参与本次大赛,并且参加大赛的部分优秀作品将在ISH China展会开幕期间,在北京国家会议中心的展厅内向大家展示。

时间:09:00~17:00

地点:国家会议中心ISH China展馆内

如有幸您能莅临上述活动,请您于2010年2月9日前填好表格并回复给我们。我们期待您的加入!

贵宾回执

请选择出席的活动

□我将参加 ISH China 2010 开幕式

□我将参加 ISH China 2010 同期活动:顶级家用锅炉制造商联合新品发布会

□我将参加 ISH China 2010 同期活动:2010 北京建筑装饰设计暨国际浴室设计趋势论坛

姓名:_____

职务:_____

公司:_____

电话:_____ 传真:_____

电子邮件:_____

回执请发至

全国工商联家具装饰业商会

电话:+86-10-58673452

传真:+86-10-58673454

电子邮件:cfdcc_guoyan@126.com

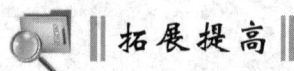

如何制订与实施展会观众邀请计划

观众邀请工作的计划包括资料收集与整理的时间安排、不同形式邀请广告或函件的设计安排、发送邀请的时间、经费预算等内容。

一、控制成本提前邀请

观众邀请工作一般需要与展览会展位销售工作同步,专业性展览会尤其如此。专业性展览会收集和整理专业观众的信息资料,工作量较大,需要较长时间,一般应配备人员专门负责。其中,信息录入电脑工作还须另行配备人手。根据展览会的性质,在明确观众定位和邀请形式后,便可进行邀请广告或函件的设计工作。发送邀请的时间因展览会性质不同而有所区别。普通观众参观的展览会,一般在展览会开幕前 30 天之内发送邀请,或通过媒体发布展览会信息,或针对特定人群发送门票。媒体发布展览会信息的频次,向特定人群发送门票的规模,既要根据需要,也要考虑成本的负担。

专业观众参观的展览会,一般在展览会开幕前 50~60 天之内展开邀请工作。除通过媒体发布展览会信息外,向专业观众邮寄的邀请函集中于展览会开幕前 20 天左右时间发出,一般每隔一周发一次,需要发送两至三次。每次邮寄邀请函的内容应有所不同,如第一次可以是请柬式邀请函,第二次可以是告知展览会配套活动具体日程邀请函,第三次可以是附有展位平面图的邀请函。采用电子邮件方式邀请专业观众,一般需要安排三次以上的发送。其每次邀请内容与邮寄邀请内容相似。在邀请函的设计上应注意体现电子邮件的特点。电子邮件邀请函的主题一定要明确,以免被互联网的过滤软件误判为垃圾邮件。采用手机短信方式邀请专业观众,多安排在展览会开幕前一周和展览会期间发送。

一般需要安排三次以上的发送。手机短信邀请的内容应简明,一般控制在70个字左右。每次短信邀请的内容应有所侧重,邀请语言多为提示性质,旨在提醒专业观众及时参观展览会。展览会组织机构采用电子邮件或手机短信方式邀请专业观众,应通过互联网或电讯网络建立群发的平台。

二、善用媒体有的放矢

邀请普通观众参观展览会,主要是通过传媒发布展览会的信息,从而达到告知普通观众的目的。除报纸、电台、电视台、网站等大众媒体外,通过展览会所在城市的其他媒体发布广告,如公共汽车车体、楼宇电视、户外路牌、建筑物户外广告牌等,也是告知普通观众的方式。还有通过发送展览会门票的方式传播信息的。邀请普通观众的信息,主要是告知展览会的展品范围及特点、展览地点和时间等内容。发布信息的时间一般安排在展览会开幕前一周之内,甚至包括展出期间。一般而言,广告投入较多、发布信息较密集、广告和新闻宣传互相配合较好的展览会,对观众影响较大,邀请效果较好。

由于展览会的题材不同,所针对的观众各不相同,选择发布信息的媒体和方式也不相同。如主要针对中老年人和妇女观众的日常生活消费品展览会,一般选择都市类报纸,如展览会在上海,会选择《新民晚报》;在北京,会选择《北京晚报》、《新京报》)或广播电台;如主要针对中产阶层人士和中青年人群中的白领人士的精致生活消费品展览会,可选择有影响的门户网站,还可依托一些相关的俱乐部或联谊会等团体发送门票;如主要针对高消费人群的高端生活用品、奢侈用品展览会,在选择与其定位相匹配媒体发布信息的同时,还需要积累观众个人的信息资料,以便采取邮寄专函或发送手机短信、网络信函的方式邀请。

展览会邀请专业观众的途径有六:一是,通过媒体发布展览会信息;二是,通过电话邀请;三是,通过邮寄邀请函;四是,通过互联网发送邀请函;五是,通过手机发送邀请短信;六是,通过参展客商邀请他们的用户。其中,电话、邮寄信函、手机短信是主要途径。

邀请专业观众的媒体,主要是与展览会题材相关的专业媒体,即行业性或专业性的杂志、报纸或网站。目前,通过网站发布信息的展览会,呈明显上升趋势。通过媒体邀请专业观众的优点是:信息容量较大,信息存留时间长,可对展览会进行深度宣传,展览会信息和媒体信息可产生互动作用。在操作上,对选择的媒体及其发布内容、形式和时间等方面,均需早作策划,包括用展位和媒体互换广告的洽商。

电话邀请是最有效的形式。因可通过语言沟通,知道对方是否前来参观;即便对方不愿意来,也可了解原因。邮寄信函邀请专业观众,仍然是多数展览会采取的方式。其需要展览会组织机构掌握较为丰富的专业观众信息资源。其优点是较为正式和礼貌,令收信人印象深刻,但邮寄信函的费用较高,每年定期举办的展览会,需及时评估上届展览会邀请观众的效果,如认为存在问题,则应在新一届展览会发布信息时进行调整。

思考练习

一、填空题

1._____是一种以个别发送的方式邀请特定的法人、其他组织或个人参展的文案。

2. _____是参展单位向主办单位或组委会申请参展并租赁展位的文件。

3. _____是办展机构根据展会的实际情况编写的、用来进行展会招展的一种宣传单。

4. 观众邀请函发送也有赖于_____的建立和完善。

5. 参展申请表由主办单位或组委会统一印制,随同招展公告或参展商邀请函一起发布,由申请单位按要求填写,并在_____提交。

二、简答题

1. 简述观众邀请函的意义。
2. 简述观众邀请函的内容。
3. 简述参展商邀请函的主要结构。

单元要点归纳

本单元主要介绍会展招商文案、会展招展文案、参展商和观众邀请函的相关知识。会展招展方案是为展位营销而制定的执行方案；会展招商方案是为寻求合办者、支持者、赞助商、会展名称、标志的使用权受让者、广告主以及招徕客商和邀请观众的方案；会展招展函是办展机构用来说明会展以招徕目标参展商参展的小册子；参展商邀请函是一种以个别发送的方式邀请特定的法人、其他组织或个人参展的文案；观众邀请函是办展机构根据展会的实际情况编写的、用来进行展会招展的一种宣传单。通过学习，会展从业人员能够掌握编写会展运作阶段的会展招展函、参展商邀请函、专业观众邀请函等文案。

第四单元　会展运作阶段的文案（中）

单元概述

本单元作为会展运作阶段文案的中篇，主要介绍参展说明书、会展接待方案、展会相关活动策划案等主要内容。以上文种是为方便和指引参展商顺利进行筹展、布展、展览和撤展等服务的，它不仅对参展商进行参展筹备有着十分重要的指引作用，也对办展机构对展会的布展、展览和撤展等各环节进行有效的现场管理有很大的帮助和影响。

本单元共包括三个学习任务，分别是：参展说明书、会展招商文案、展会相关活动策划案。

单元目标

- 了解参展说明书的作用
- 掌握编制参展说明书的编制要求
- 掌握参展说明书包含的内容及写作要求
- 熟悉会展活动策划的写作应该注意的事项
- 掌握会展接待的内容和步骤
- 掌握展会相关活动的作用及种类
- 了解举办展会相关活动的基本原则
- 了解展会各类相关活动的策划程序及策划方案的编写方法

学习任务 1 参展说明书

 任务概述

参展说明书是在会展相关日期安排确定后针对参展商做好参展准备而编写的,它是展会筹备过程中的一个重要文件,一般以小册子的形式印制,对参展商参展起到较好的指导作用。

 任务目标

- 掌握参展说明书包含的内容及写作要求
- 掌握参展说明书的概念、内容结构及写作要求

 学习内容

一、参展说明书的含义

从某种意义上讲,参展说明书(参展商手册)是帮助参展商进行参展筹备的纲领性文件,也是办展机构对会展布展、展览和撤展等各环节进行有效管理的指导性文件,参展说明书所包含的内容涉及举办会展的各个环节。简单地说,它是办展机构将展会筹备、开幕以及参展商参加展会时应注意的其他问题汇编成册,以方便参展商进行参展准备的一种小册子。

办展机构在确定了展会的有关日期安排,指定了展会承建商、展会运输代理和展会旅游代理以后,就可以着手编制展会的参展说明书了。

二、参展说明书的主要内容

1. 前言

前言主要是对参展商参加本展会表示欢迎,说明本手册编制的原则和目的,提醒参展商在筹展、布展、展览和撤展等环节要自觉遵守本手册的相关规定等。前言一般都很简短,言简意赅。

2. 展览场地基本情况

展览场地基本情况包括展馆及展区平面图、至展馆的交通图、展览场地的基本技术数据等。绘制展馆及展区平面图时,要注意标明展馆各种服务设施所在的位置、展区和展位划分的详细情况、展馆内部通道和出入口等;在绘制至展馆的交通图时,要注意标明展馆

在该城市的具体位置、到展馆可以利用的各种主要交通工具和交通路线、各指定接待酒店在该城市的具体位置等；对于该展览场地的基本技术数据，要清楚准确地列出地面承重、馆内通风条件、货运电梯容积容量、展馆室内空间高度、展馆入口高度和宽度、展馆的水电供应状况等。对展览场地基本情况的介绍，对于帮助参展商准确地找到展馆和自己的展位，进而进行展位搭装和布展有着很好的指引作用。

3. 会展基本信息

会展基本信息包括会展的名称、举办地点、展览时间、办展机构、会展指定承建商、指定运输代理、指定旅游代理、指定接待酒店等。对于办展时间，要具体列明会展的布展时间、开幕时间、对专业观众和普通大众开放的时间、撤展时间、布展撤展加班时间等，对以上时间尽量精确到小时；对于办展机构，要具体列明会展的主办单位、承办单位、支持单位和协办单位等；另外，还要具体列明各办展机构、会展指定承建商、指定运输代理、指定旅游代理、指定接待酒店等的详细联系地址、联系电话、传真、联系人、网址、e-mail 等，以便参展商在需要的时候方便联系各有关单位。

4. 会展规则

会展规则就是会展要求参展商和观众等参加展会时所必须遵守的一些规章制度，主要包括会展有关证件使用和管理的规定、会展现场保安和保险的规定、层位清洁的规定、物品储藏的规定、现场使用水电的注意事项、现场展品销售的规定、消防规定、知识产权保护规定、现场展品演示的注意事项等。展会规则是所有与会人员必须遵守的一些制度，对会展现场管理和维护现场秩序十分重要。

5. 展位搭装指南

展位搭装指南是对展会展位搭装的一些基本要求和说明，主要包括标准展位说明和空地展位搭装说明等。由于所有的标准展位的基本结构和配置都是一样的，所以"标准展位说明"主要是对展位的标准配置做出说明，列明参展商使用标准展位的注意事项，提出如果参展商需要增加非标准配置以外的其他配置的处理办法等。"空地展位搭装说明"主要是对参展商搭建空地展位做出的一些规定和要求，如使用材料的要求、动火作业的规定、消防安全的规定和铺设电线的规定等。

6. 展品运输指南

展品运输指南是对参展商将展品等物品运到展览现场所做的一些指引和说明，主要包括海外运输指南和国内运输指南等。不管是海外还是国内运输指南，都要对展品等的运输方式和运输线路、各种货品的交运和文件提交的期限、货运文件的准备和交付、收费标准、包装、海关报关、回程运输、可供选择的自选服务等做出具体说明。展品运输指南对帮助参展商及时安排展品等物品的运输有较大的作用。

7. 会展旅游信息

会展旅游信息是对解决参展商及观众等参加展会期间的交通、吃、住、行等需要和展会前后的旅游需要等做出的一些说明。会展旅游信息要详细地列出各指定接待酒店的档次、协议优惠价格、地址、联系电话和传真以及联系人、与展馆的距离等，要列出海外观众和参展商入境的签证办法、会展期间及前后可供选择的商务考察和观光休闲旅游的线路和安排等。会展旅游信息主要是为了方便参展商及观众的日常生活服务的。

8. 相关表格

它是有关参展商在筹展和布展过程中需要使用的各种表格,主要包括展览表格和层位搭装表格两种。展览表格主要有贵宾买家服务表、聘请临时服务人员申请表、额外工作证和邀请卡申请表、研讨会和技术交流会申请表、刊登会刊广告申请表等。

三、参展说明书的作用

参展说明书主要是为方便和指引参展商顺利进行筹展、布展、展览和撤展等服务的,它不仅对参展商进行参展筹备有着十分重要的指引作用,也对办展机构对展会的布展、展览和撤展等各环节进行有效的现场管理有很大的帮助和影响。

1. 参展说明书对参展商的指引作用

参展商手册分别对展览场地、展会基本情况、展会规则、层位搭装、展品运输和会展旅游等做出详细的说明,参展商在得到参展说明书以后,就可以按照该说明书的指引对参展的各项准备工作进行筹备,如安排展品的运输、准备展位的搭装材料和设计等;在展会布展现场,参展商将按该说明书的有关要求进行展位搭装和布展,避免布展期间的盲目和违规;在展览期间,参展商可以按该说明书的要求布置展品演示;在撤展期间,参展商可以按照该说明书的指引有条不紊地撤展;展会结束后,参展商还可以按照该说明书的指引选择适合自己需要的会展旅游。在参展说明书的指引下,参展商可以更有效地准备和完成参加展会各工作环节的各项事务。

2. 参展说明书对展会现场管理的作用

参展说明书对展会在筹展、布展、展览和撤展期间的各项规定,不仅有利于指导各参展商按规定办事,也有利于办展机构按该手册的规定监督展会现场的各种事宜,并按手册的规定为参展商提供各种服务。参展商手册是办展机构对展会筹展、布展、展览和撤展等环节进行现场管理的重要依据之一,它为展会各阶段制定了大家必须遵守的行为规范,有利于办展机构按此规范对展会各环节的现场进行管理。

3. 参展说明书对观众的作用

除了对参展商的指引和对展会现场管理的作用外,参展说明书对展会观众也能起一定的作用。比如,手册对展馆平面图、馆内服务设施分布图、交通路线、指定接待酒店和展会开放时间的说明,就对观众参观展会有较大的帮助。

观众在展馆交通路线图的指引下可以更方便地达到展馆,在馆内服务设施分布图的指引下可以找到自己需要的服务提供点,可以享受展会指定接待酒店的优惠价格待遇。在展会开放时间说明的指引下可以合理地安排自己的参观时间等等。一般来说,展会的观众有很大一部分是各参展商自己邀请来的,参展商一般都会将上述信息通知其邀请的观众,这样,参展说明书对观众所起的作用将更大。

四、参展说明书的编制要求

从参展说明书所起的作用可以看到,参展说明书是展会筹备过程中的一个重要文件。要让参展说明书在展会筹备过程中切实起到上述作用,在编制参展说明书时,必须遵循以下要求:

1. 实用

参数说明书所包含的内容必须是对参展商进行筹展、布展、展览和撤展等有较大的指导作用,或者是对办展机构展会筹展、布展、展览和撤展各环节进行管理有较大的帮助,或者对参展商邀请老客户来展会参观有辅助作用,否则,该内容就不能进入参展商手册。

2. 简明

参展说明书对各方面的说明和叙述应该简洁,文字不要太多,篇幅不要太长,能说明问题即可;参展说明书对各方面内容的说明和叙述必须准确、具体,让人看得明明白白,不能让人产生歧义。否则,在展会筹展、布展、展览和撤展等环节的具体执行中就会引起争议,既不利于参展商展出,也不利于办展机构对展会现场进行管理。

3. 详尽

对于参展说明书提到的各项内容要尽量详细,如对布展和撤展加班时间的规定可以具体到小时和分钟,对各种表格的返回最后期限的规定具体到某月某日等,这样更有利于展会具体操作和管理;对于参展说明书提到的各项内容要做到没有遗漏。

4. 美观

参展说明书的排版和制作要美观大方,印刷讲究,尽量不要出现错别字和其他印刷错误;参展说明书的制作和用纸与展会的档次和办展机构的品牌与声誉相符合,不能让人产生不好的联想。

5. 专业

参展说明书的遣词造句要符合行业习惯和规范,要使用行业熟悉的语言,所设计的术语要规范,不能想当然地使用一些行业比较陌生的词语;内容编排要符合参展商筹展的筹备程序,不能让他们翻来覆去地寻找自己需要了解的内容。

6. 国际化

如果是国际性的展会,或者展会有向国际化方向发展的打算,那么,参展说明书的内容编排和制作也要尽量做到符合国际参展会的需要,如除了要有中文外还要有外文的文本。外文文本的参展说明书,其翻译一定要准确。

例文1

2012第一届中国情趣用品展览会(上海)参展说明书

前　言

尊敬的参展商:

首先,我们衷心地欢迎并感谢你们参加2012第一届中国情趣用品展览会(上海)。

在如今这生活元素多元化的时代,夫妻和谐的性生活也成了大众关注的焦点之一。本次展览会得到了国内外同仁的鼎力支持和积极参与,展览会的展出规模也比往年增加。我们有理由相信这将成为举世瞩目的一次盛会。

同时,为了能够为参展商提供完善、及时、周到的服务,确保展览会在良好的秩序下取得圆满成功,特此编写本次参展说明书,以便于参展商参考和遵守。

请您仔细阅读本参展说明书,熟悉相关参展程序和必要的准备工作,并在规定的截止时间内将相关表格邮寄、传真或发送电子邮件至相关单位。所有表格一经参展单位盖章签字后,即具有合同之等同约束力。

如对本参展说明书有不明之处,可以登录官网或拨打咨询电话与我们取得联系,我们会尽快为您提供帮助和说明。再次感谢贵单位对本次展会的支持与配合。

最后,预祝参加本次展览会的各位参展单位取得圆满成功!

一、展览场地基本情况

展馆地址:上海展览中心　延安中路1000号

展馆规模:上海展览中心(Shanghai Exhibition Center)亦称为上海展览馆,位于上海市中心静安区延安中路1000号,北靠南京西路,南面延安路高架,东起威海路林村,西到铜仁路,共占地93 000平方米,其中建筑面积80 000平方米。

上海展览中心建成于1955年,原名"中苏友好大厦",是上海的代表性建筑之一,也是20世纪50年代上海市建造的首座大型建筑,与北京展览馆一样同属俄罗斯古典主义建筑风格。

上海展览中心所在地原为英籍犹太人哈同的私人花园爱俪园,俗称哈同花园,哈同与其夫人罗迦陵相继去世后,太平洋战争爆发,被进入公共租界的日军侵占,几经战乱哈同花园逐渐荒废。户外场地由建筑自然分隔为6个广场,这些广场除为大型会议、展览提供充裕的停车场和放置展品集装箱外,还可搭建临时展馆约10 000平方米,使展馆总面积超过30 000平方米,可满足大型展览会需要。

上海展览中心是新中国成立后上海建成最早的会展场所。四十多年来,在这里举行过许多重大政治、外事活动。

1. 展馆示意图(图4-1、图4-2、图4-3)

图4-1　上海展览中心展馆外观

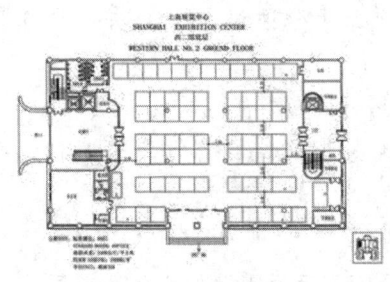

图4-2　展馆内部(一)

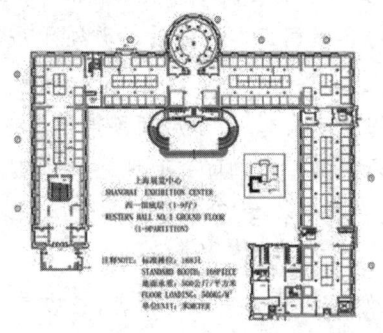

图4-3　展馆内部(二)

2. 交通路线

乘坐65路或928路公交车到新开河站下车,往后走,换乘71路公交车到延安中路铜仁路站下车。

15、20、21、24、37、41、48、49、57、104、127、548、921、925、936、地铁二号线(静安寺站)等可达。

二、会展基本信息

1. 会议名称:2012第一届中国情趣用品展览会(上海)
2. 展会地址(场馆):上海展览中心
3. 展览时间:2012年7月15~20日
4. 办展机构:中国成人用品协会上海成人用品消费协会
5. 会展指定承建商:上海国际展览有限公司

三、会展规则

1. 参展资格

(1)招待业内人士,专业观众,以及一般观众。主办单位保留不准某些人入场或请其离开而不需说明理由的权利。

(2)为安全起见,展览会布展至撤展期间,参展商及其职员或其他人士都不得携带十八岁以下儿童进场。

2. 严禁事项

(1)严禁在场馆内吸烟。

(2)严禁带可燃性物品,化学物品。

(3)展厅内不得使用明火、汽油、易燃物,不得使用放射性物质。

3. 安全措施

(1)主办单位提供展厅内的一般性保安服务。展览举办期间,参展商及其雇员均不得于非展览开放时间进入展厅。

(2)展厅内所有工作人员均须佩戴胸卡,参展商可在主办单位服务台领取入场证及临时出入证。

(3)如贵公司的展品非常贵重或易损坏,希望雇佣保安人员于非展览开放时间看守贵公司的展台,请与主办单位联络。另外,参展商不得安排其本身或任何其他保安服务公司的保安人员负责该项保安工作。

(4)参展商工作人员最迟必须于展览会开放前三十分钟到达展台,并于展览会结束后三十分钟离开。

(5)为安全起见,参展商不得于展览开放时间搬进或搬走任何展品。

(6)未经主办单位书面批准,任何人均不得损坏地板墙壁(不能挖洞或穿孔),亦不得自行更改展台结构,否则必须赔偿。

四、演示与表演

1. 如接到其他展商的投诉,主办单位有权对展商演示及表演的音量和范围作出适当控制。

2. 任何表演、游戏演示不得涉及暴力、色情、违法的内容,有组织的比赛或知识测验等推销宣传活动,都须先得到主办单位同意。

3. 所有在展览期间播放的影片、录像带及幻灯片,必须预先取得有关单位的认可及批准。

五、展位结构

1. 标准展位

a. 标准展位由管理机构指定承建商搭建,除非管理机构书面许可,参展单位不得对标准展位随便更改。

b. 标准展位内的装饰不得超过展位高度。

2. 空地特装展位

a. 所有特装展位的设计、选用材料及其结构,必须符合展馆的有关规定和中国政府的有关规定。

b. 特装展位不得改动展馆结构,不得影响其他参展商,若影响其他参展商,管理机构有权责令其修改或撤除。

c. 对违反主办单位要求或规则的展位,管理机构保留改动或清除的权利,因此引起的费用和损失由参展商自行承担。

d. 展场内的任何展览工程必须符合安全、消防及不影响其他参展商的要求,其设计施工图纸须经消防部门认可,若违反消防规定,一切责任由其自身承担。

五、意外事件

如果在会展期间因展览建筑或设施不当而造成的任何意外事件,主办方将负一切责任。若出现本展览规则未涉及的意外事件,以主办单位最终决定为准。

六、展会搭装指南

1. 展会摊位搭建及配置

(1) 此次展会设在上海展览中心举办。此展馆中有国际标准摊位共200个。

(2) 每个标准摊位为3米×3米,展馆的高度为4米。使用八棱柱和木板组装的,另外配备2~4组长臂射灯,一个接待台,两把椅子。

(3) 此次展会为广告媒体推介会,水晶厅配有互联网网通线路。收费标准为:需支付接线费、材料费、信息费、调试费等。多台电脑共用一处端口,多一台电脑加收100元。室外布线另加收300元。

(4) 由于展品中包括了摄影器材及设备,因此提醒参展商,水晶厅的地面允许活载荷为700 kg/m^2。如参展产品超出允许范围,因此产生的费用由参展商全部负责。

(5) 每个标摊配备了长臂射灯,若参展商需要添加灯具,需另外付费,价格根据灯具的规格不同而不同。

(6) 如参展商需要展台特殊装修施工,需另外支付费用,费用根据面积而定。

2. 搭装要求及注意事项

(1) 展场及展馆的公共场所均由大会负责统一规划、总体设计、布置,欲在展位外或室外做宣传广告的单位请提前与会展中心联系。

(2)特装展位须向会展中心缴纳"展台特殊装修施工管理费",水晶厅价格为每展期每平方米20元人民币,室外每平方米5元。

(3)展馆展场进出口、安全通道及消防设备电源开关前,严禁停放车辆、放置广告、宣传、参展物品等。

(4)展馆内特装修施工时,必须使用半成品,严禁使用电锯、电刨以及喷漆等容易造成粉尘大面积飞扬的施工方法,并且严禁使用非环保装修材料。

(5)参展商如在展位上需用粘钩此类产品,需使用无痕粘钩,避免破坏展馆。

(6)参展商必须于2012年××年××月之前提交设计图样、施工单位及名称、地址给大会承建商审核。

(7)大会承建商有权利拒绝设计不符合消防或公共安全等规定的设计图,或要求展商作出修改。

(8)在展会结束后,参展商必须在2天之内(即最晚7月22日)撤出展馆,由工作人员检查无误后方可撤离。若发现展馆有任何的损坏,需照价赔偿。

备注:参展商在规定时间内无法提交设计图纸,大会有权将摊位用于其他用途且不退还已交费用。

如价格上有变动,解释权归上海展览中心所有。

七、展品运输指南

1. 参展商请联系大会承运商办理相关进馆通行证件,出入车辆必须是10吨以下的货车、面包车或小汽车。

2. 主办方在布展前一个星期向参展商寄出停车位号码牌和展馆地图。

3. 车证分为布展车证和撤展车证,按不同的馆分不同的颜色,布展车证将于展会前寄到参展商手中,撤展车证于撤展时在停车场按顺序发放。

4. 展品进馆前需通过安检人员检查才能进馆,请确保易燃物品的合理放置。

5. 大会承运商现场办公台(4.2馆货车入口)。

6. 除经大会特许外,展览会开幕期间,不得运带展品进馆;展览会结束前,不得将展品撤离会场。撤展时,参展商须于离场时间向保安出示放行条,方可携带展品离场。

7. 大会指定承运商:青岛××展览服务有限公司。

联系人:

电　话:

传　真:

邮　箱:

附件1　　　　　　　　　参展申请表

参展名称	
申请单位	
英文名称	
地　　址	
邮　　编	参展人数
性　　质	国有□　集体□　股份□　乡镇□　私营□
申请摊位	标准摊位(3×3米)：　　个 非标准摊位：　　米×　　米＝　　平方米
护照类型	公务护照□　因公普通护照□　因私护照□
展品内容 (如有特装,请说明)	

承办单位	参展单位
中国成人用品协会 上海成人用品消费协会 地　址:上海市×××× 邮　编:×××××× 电　话:×××-×××××× 传　真:×××-×××××× E－mail:qingdaoxiehui@126.com 户　名:中国成人用品协会 帐　号:×××××× 开户行:中国工商银行上海市分行	联系人: 地　址: 邮　编: 电　话: 手　机: 传　真: E－mail:
主办单位确认章 　　　　　　　　　年　月　日	参展单位领导意见 (盖章) 　　　　　　　　　年　月　日

备注:1.本表经双方盖章确认后即开始具有法律效力。

2.按规定每标准摊位的参展人数为2人；超出人员需要说明情况,酌情考虑。

3.本申请一经确认,请及时预付定金和人员报名费,以保证摊位的落实。

附件2

酒店住房申请表

酒店名称	价　格	星级	地　址	备　注
上海虹桥美爵酒店	788元/含早	准四	上海长宁区仙霞路369号	
上海利嘉宾馆	550元/含早	准三	上海长宁区古北路628号	
上海对外贸易学院国际交流中心	298元/含早	准三	上海长宁区古北路620号73号	
上海佰威大酒店	498元/含早	准四	上海长宁区古北路456号	

注：需要申请酒店住房的参展单位，请详细填写入住表上的所有资料并提交到组办方。组办方将根据所提交的资料预订酒店。展商到达酒店后，于酒店前台报入住人员姓名，办理入住手续即可。

酒店名称						
入住人员姓名	性别	房间类型	订房数量	入住日期	离开日期	

公司名称：＿＿＿＿＿＿＿＿＿＿＿＿＿＿＿＿＿＿＿＿＿＿＿＿＿＿＿＿＿＿＿＿＿＿＿＿

地　　址：＿＿＿＿＿＿＿＿＿＿＿＿＿＿＿＿＿＿＿＿＿＿＿＿＿＿＿＿＿＿＿＿＿＿＿＿

联系电话：＿＿＿＿＿＿＿＿＿＿＿＿＿＿　联系人手机：＿＿＿＿＿＿＿＿＿＿＿＿＿＿

传　　真：＿＿＿＿＿＿＿＿＿＿＿＿＿＿　E-mail：＿＿＿＿＿＿＿＿＿＿＿＿＿＿＿＿

签　　名：＿＿＿＿＿＿＿＿＿＿＿＿＿＿　展位号：＿＿＿＿＿＿＿＿＿＿＿＿＿＿＿＿

附件3

施工申请表

一、标准站台

名称及描述	单　位	价　格（人民币）	数　量	合　计
施工服务费	平方米	25.00元		
施工证	人	25.00元		
布展车证	辆/限2小时	70.00元		
撤展车证	辆/限2小时	70.00元		
垃圾清运费	平方米	5.00元		
吊点费	点/50 kg	750.00元		
施工押金	每平方米	每平方米押金100元		

二、特装展位

展位号						
展会名称						
参展单位				电话		
搭建单位				电话		
施工地点						
施工时间						
撤馆时间						
施工人数	电工		木工		其他工种	总数
施工面积						
现场负责人	姓名			手机		
安全负责人	姓名			手机		
吊点数量						
大件材料						
展期用电情况（千瓦）						
申报人				电话		
主场服务商意见						

附件4

会展服务申请表

1. 企业信息

公司名称：_____

地　　址：_____ 展位号：_____

联系人：_____ 职　务：_____

电　话：_____ 传　真：_____

电子邮箱：_____ 手　机：_____

2. 预订信息

日期：_____月_____日；时间段_____

预订项目：新闻发布会□　会议□　论坛□　餐饮□　其他□

预订服务项目说明_____
_____

公司盖章

负责人签字：

日期：　　年　　月　　日

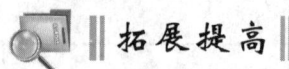
拓展提高

说明书的翻译技巧与翻译原则

说明书(又称使用手册)是介绍物品性能、规格、使用方法的实用应用性文体。按其用途可分为家用电器说明书、药品说明书、化妆品说明书、食品类说明书、机械装备说明书、仪器器械说明书、书籍说明书等。随着我国经济蓬勃发展以及对外开放步伐日益加快,国内各品牌产品纷纷抢滩国际市场。这一过程中,说明书的翻译扮演了至关重要角色。

一、说明书的文体特征与翻译目标

从遣词造句方面来看,说明书频繁使用祈使句、无人称句,十分讲究逻辑性。从语气上看,说明书的语气通常较为正式,用语严谨规范、客观公允。从修辞角度来说,说明书文风一般比较质朴,避免铺叙婉曲,特别是很少使用不必要的修辞格。不过,说明书与纯粹的科技类文章还是有一定区别的。更为重要的是,为了达到吸引消费者的目的,某些说明书(如化妆品说明书)有时大量使用华丽语言,富于修辞手段和艺术特色。

由于说明书在产品营销过程中主要起到吸引消费者,激发消费者产生购买欲,指导消费者顺利实现消费行为之功用,因此,译者在翻译说明书时主要不是原封不动地移植原文信息,而是实现纽马克所说的祈使功能(vocative function),即通过译文的激励,使读者(潜在消费者)采取消费行动,进而促使厂商获得所追求的利润。鉴于说明书的语言特点和翻译目标,好的说明书译文不仅要准确、客观,还必须保证能为译语读者所接受并激发他们的购买行为。这就意味着译者在翻译说明书时至少要坚持"忠实、准确"与"可读性"这两项基本原则。

二、"忠实、准确"原则

说明书是沟通厂家与消费者的桥梁和纽带。企业若想在激烈的国际竞争中站稳脚跟,将产品成功地打入国际市场,译文必须准确、真实。倘若译文"失真"或错误百出,不仅会给消费者留下极坏的印象,而且会直接影响到产品的形象与销售。更为严重的是,那些劣质的译文还可能影响到正常的生产秩序,甚至危及消费者的生命与财产安全。

要做到译文"忠实"、"准确",首先要在遣词造句方面加以注意。说明书的语言一般大都简洁浅显、明白晓畅,译者在处理其中的语词时并无多大困难。不过,这并不意味着说明书的翻译就高枕无忧。倘若不小心,译者还是很容易掉入某些"陷阱"的。例如,我国的酒类根据酒精的百分比含量不同,将白酒分为 38℃、52℃、60℃ 等等。有译者将 38℃、52℃、60℃ ×× 酒译为 the 38℃、52℃、60℃ ×××。这样直译,外国人能否看得懂就难说了,因为他(她)们未必清楚中国白酒的度数实为酒精的百分比含量。为了与英语表达相吻合,最好改译成 thliquors(×××) containing 38%、52% or 60% alcohol。再看下面一则例证。对于同一事物,美式英语和英式英语可能有不同的表达法。如美国人习惯使用 fall 来表达"秋季",英国人则常用 autumn。众所周知,语言并非孤立存在的,它与特定的文化密切相关。在全球化背景下,为了保持自己的文化"霸权",遏制他国文化"侵略",某些英语世界的人(如有些英国人)非常在意维护自己语言的纯洁性,因而对非本国英语持消极抵抗乃至敌对的态度。基于此,我们在翻译时一定要倍加小心。比如说,当材料中有"×××秋季博览会"这一短语时,如果译给英国人看,最好翻译为"the Autumn ××× Fair"而非"the Fall ××× Fair",以避免不必要的麻烦。语法错误是说明书翻译中的另一问题,译者也应当注意。例如:×××产品特点:富含多种人体必需的维生素、矿物质及各种氨基酸,有动植物蛋白互补作用,促进成人营养的合理平衡。

[原译]Property of X X X:Be rich in various vitamin, mineral and acid. The ani－mal and plant protein are mutually complementary, so it will promote nuteition absorption reasonable and balance。该译文存在以下语法错误:其一,property 应为复数 properties。因为×××产品特点不止一个;其二,Be 应该省去不用。在这里使用系动词,一则违背说明书翻译中的简洁原则,二来也不符合英文行文规范;其三,说明书重在陈述客观事实,因此谓语动词一般用现在时,尽量不使用将来时等时态;其四,因产品含多种"维生素"、"矿物质"和"氨基酸",故应将 vitamin、mineral、acid 等改为复数形式;其五,"植物蛋白"和"动物蛋白"并非同一类型蛋白质,所以 protein 也应为复数。其实,解决说明书翻译中的语词问题并不难,译者只要加强语言基本功训练,养成对译文进行核查校对的习惯,遇有疑问或问题时勤查字典和工具书,多请教相关专家和科技人员,上述问题就基本可以避免了。保持译文的准确性还离不开对原文文体风格的忠实再现。具体来说就是,对于那些用语简约规范、文风朴实的说明书,译者通常要坚持以"简"译"简"的翻译原则;在处理文字优美的说明书时,译者则应尽力避免以"简"译"美",而遵守以"美"译"美"的翻译原则。请看下面这则化妆品说明书的翻译。×××保湿营养霜,令您的肌肤滋润亮泽、平滑柔软、永保康健,美丽动人! / ××× perfect day moisture cream nourishes skin with the moisture it needs for a softer, more healthy appear－ance。原文选用了"滋润亮泽"、"平滑柔软"、"永保康健"、"美丽动人"等词,在突出产品功效之时以美言"诱惑"消费者。考虑到英美读者的审美取向,译文也同样具有吸引力。nourish、moisture、softer、more healthy 等词都具有美好意蕴,表明×××产品营养均衡、有益健康,这无疑极易打动拥有爱美心理的女性消费者,令注重容貌的她们对该产品心驰神往,产生一试为快的心理。总之,"忠实、准确"原则对于说明书的翻译来说至关重要。当然,译者应当注意的是对原文的忠实切不可以牺牲译文的可读性为代价,片面追求"字字对等",那样的话很可能会导致译文累赘、不堪卒读,甚至产生文化误读。

三、"可读性"原则

我们在上文提到,说明书翻译的主要目的是实现纽马克所说的祈使功能。要做到这点,译者就必须考虑如何使译文既能有效地传递信息内容,又能在语言表达上符合译语的表达习惯和读者的审美情趣。还是以化妆品说明书的翻译为例。上文提到过,化妆品说明书有时比较讲求美学功能,以满足女性消费者求美的心理。从语言角度来看,美感的制造可以采用不同方法,如词语的选择,语序的排列,句子的搭配组合等等,所以译者应该从多个层面对译文进行反复推敲,以使文字能令读者产生美好的联想。有时甚至不妨超越原文的形式,对其进行适度改写,让读者产生一种耳目一新、为之动容的感觉。毕竟,如今的消费者面临着纷繁复杂的品牌选择,企业只有关注顾客的心理期求并投其所好,才可能赢得更大的市场份额。请看下面译例：

1. ×××止汗香体露配方温和,适合各类肤质。独特的清香令您的身体24小时保持干爽清新。

×××ANTI – PERSPIRANT DEODORANT All day deodorance and wetness protection. Keeps under – arm dry and odor – free. Glides on smoothly. Dries quickly. Non – stinging Won't stain clothing. 在充分考虑原文内容的基础上,译者力求将文字美与内容美有机地结合起来。译文简洁流畅、文形俱美,在语音语调、词语搭配、句式结构、格式排列等方面都可谓别具匠心。文字如此精美,打动女性消费者芳心,唤起她们强烈的购买欲望自然有了基础。

2. 本品是传统医药验方,选用纯正中药材及蜂蜜,用最新科学方法炼制而成的纯中药滋补膏剂。

The produce is prepared from the selected Chinese medica materials and refined with modern scientific methods onthe basis of the active principle of traditional Chinese medicine. 将译文与原文进行比较,我们发现译者为了迎合外国读者的审美标准和阅读习惯,较大幅度地调整了原文,涉及语序、词性和句法结构。

此外,译文中增加了"the active"一词,暗示传统药方并未过时,相反仍然很时兴。而为了使译文简洁干净,语义清楚明了,"纯正"、"蜂蜜"、"纯中药滋补膏剂"等次要信息更是被译者省略未译。不过,通常情况下译者不需要对原文进行大量的增、改、删,因为绝大多数说明书文风质朴、语词严谨,几乎没有堆砌的辞藻和夸张的成分在其中。在此背景下,译者只需考虑汉、英语行文方面的差异,依据译语规范对原文进行适度调整,以保证译文更加流畅地道,具有较强的可读性即可。下面这则翻译便很典型：开始剂量最好为每日3次,每次半片美多巴250。/The initial dosage recommended1/2 tablet of Madopa 250, three times daily. 译文没有选用英语中常见的主谓句,而是巧妙地使用了由名词短语构成的同位结构。这样读来感觉简洁流畅,层次清楚,也符合说明书文字简约的要求。倘若改成 The initial dosage recommended is 1/2 tablet of Madopa 250, three times daily. 则略有滞缓之感。

一言概之,产品说明书有时肩负着比广告更重要的使命。毕竟,说明书离消费者更近,其表述对消费者购买产品与否会有更为直接地影响。因此,译者在翻译前,必须首先对说明书原文中所包含的信息进行分析,尤其是要剖析各类信息的可传达度和读者可能的接受反应情况,然后再采取相应的翻译方法和策略,以确保译文的可读性。

说明书译文能否恰到好处、符合译语顾客的审美要求是产品能否博得消费者青睐、保证厂家在激烈的国际竞争中站稳脚跟的关键所在。因此,译者在翻译时必须处理好译文"准确性"与"可读性"之间的关系。唯有如此,才能最大限度避免译文产生负面接受效果。

思考练习

一、填空题

1. _____是帮助参展商进行参展筹备的纲领性文件,也是办展机构对会展布展、展览和撤展等各环节进行有效管理的指导性文件,参展说明书所包含的内容涉及举办会展的各个环节。

2. 参展说明书是帮助参展商进行参展筹备的纲领性文件,也是办展机构会展_____、展览和_____等环节进行有效管理的指导性文件。
3. 展览会的名称一般包括三个方面的内容:_____、_____和_____。
4. _____是指拥有会展并对会展承担主要法律责任的办展单位。
5. 展览场地基本情况包括展馆及展区_____、至展馆的_____、展览场地的基本技术数据等。

二、简答题
1. 简述参展说明书的主要内容。
2. 简述参展说明书的作用。
3. 简述参展说明书的编制要求。

学习任务2 展会相关活动策划方案

任务概述

一个成功的展览会,不但要有著名的、有实力的参展商、高质量的专业观众,还要有各种组织较好的相关活动来为展会增添亮色。会展活动推陈出新,要在活动中有创新、有发展、就必须进行相关的策划,展会相关活动的策划方案对于活动的举办起到良好的促进作用。

任务目标

- 掌握展会相关活动的内涵、作用及种类
- 了解举办展会相关活动的基本原则
- 了解展会各类相关活动的策划程序
- 掌握展会相关活动策划方案的编写方法

学习内容

一、展会相关活动策划的作用与原则

展会相关活动是指组展商为了营造展会现场气氛或丰富展会功能而在展会期间举办的各种活动,这些活动和展会融为一体,成为整个展会的重要组成部分。

1. 举办展会相关活动的作用

举办展会相关活动能满足参展企业与专业观众达成交易、获得信息等多种需求;对于办展企业而言,也能使展会的影响力、知名度提高,作用很大。主要表现在以下 5 个方面:

(1)丰富展会信息。从本质上来说,展会是为信息交流而进行的传播活动。展会的最大特点在于信息的"集中"。从"会"的角度讲,会议的每一个参加者既是本人信息的传播者,又是他人信息的接受者;从"展"的角度来说,观众参加展会,大都是为了能在展会中收集各种有用的信息。因而,展会本身应该是信息的总汇。举办会展相关活动正是为了极大地丰富展会信息。

(2)强化展会发布。专业展览会常常会有系列研讨会、讲座、产品发布会等活动,主讲一般都是行业内单位。由于展会行业人员聚集,信息传播很快,许多企业都选择展会作为发布信息的场所。有些展会还专门组织产品发布会供企业选择,还有些展会将新产品发布与表演、比赛等活动结合起来,以此来强化展会的发布功能。

(3)扩展展会展示。展会的价值与展出目标主要是在展台上得以实现的。展台工作包括展会开幕期间的展台接待、展台推销、贸易洽谈、情况记录、市场调研等。如果将筹展工作比作"搭台",展台工作比作"唱戏",那么,展会的相关活动就好比"配乐、配器"。在展会期间举办相关的活动,如产品展示会、有关表演和比赛等能使企业和产品的形象更好地展现,给观众留下更加深刻的印象。

(4)延伸展会交易。在大多数交易会、展览会和贸易洽谈会会上都能签署一定金额的购物合同,以及投资、转让和合资意向书。据统计,法国博览会和其他专业展览会每年展商的交易额达 1 500 亿法郎。在 1999 年深圳高交会上,成交项目 1 459 个,成交金额 6 494 亿美元。因此可以说,展会是一个重要的贸易洽谈台。举办会展相关活动能够延伸展会贸易的这种功能。例如,产品订货会、产品推介会、项目招标会等都可以使展会取得良好的效果。

(5)活跃展会现场气氛。举办富有观赏性和趣味性的相关活动能极大地调动现场观众的积极性。在设计相关活动时,策划者应当选取参与性强、互动效果好的项目,这样不仅能给观众留下深刻的印象,而且可以使展会现场气氛活跃,为参展企业创造良好的现场气氛。

2. 举办展会相关活动的基本原则

(1)活动的主题与形式要符合展会的需要。

(2)能进一步丰富和完善展览会的基本功能。

(3)有助于展览会吸引更多的潜在企业参展和潜在观众参观。

(4)有助于活跃展会现场气氛但不影响企业参展和观众参观。

(5)活动本身要能产生较好的效果。

二、展会相关活动的种类

展览会相关活动的举办是为展会服务的,它们可以是组展商策划并主办的,也可以是参展企业或其他相关单位主办的。根据展会策划和营销的需要,本章主要讨论由组展方举办的各类展览会相关活动,主要包括展览会开幕式、研讨会、论坛、专题讲座、产品发布会、娱乐与抽奖活动、欢迎酒会或晚宴等。

1. 会议

会议是展览会期间最常见的相关活动。现代展览会越来越强调展览和会议并重,办展机构在展览会期间往往组织各种与展览题材相关的会议,并邀请一些著名的专家、学者、企业和政府官员参加。通过举办各种会议,交流行业内的最新信息和动态,传播新技术,介绍新项目,提倡产业内发展的新理念和新思维。

由于组织会议的目的和参加会议的人员不同,在展会期间举办的会议可以分为很多种类,如以学术交流为主要目的的专业研讨会,以技术交流和技术合作为主要目的的技术交流会,以发布新产品为主要目的的产品发布会,以推介新产品为主要目的的产品推介会等等。

2. 表演

展览会期间,举办各种与展览主题或展览题材相关的表演也是一项十分常见的展会相关活动。展会期间举办的表演活动可以分为三种:一是文艺性表演活动。这类表演活动基本上是为了活跃展会现场气氛和扩大展会影响而举办的。二是营销性表演活动。这类表演活动多是为了帮助产品营销和提升企业形象而举办,并且举办者多为参展商。三是程序性表演活动。这类表演活动很多是依照行业惯例而按行业程序举办的。例如,很多展会主办机构在展会开幕现场同时举办一些或大或小的表演活动等。

3. 比赛

在展览会期间举办的比赛活动通常有两种:一种是以大众观赏性为主要目的的比赛活动;另一种是以行业为特征的专业性比赛活动。

4. 其他相关活动

除了最为常见的会议、表演和比赛外,有些展览会还会举办一些其他相关活动,如现场幸运观众抽奖等群众性参与活动、投资项目招商洽谈活动、项目招标活动、明星及公众人物与大众见面活动等等。

三、展会相关活动的策划

展览会的相关活动类型多样、层出不穷,活动的目的也各有侧重,但无论是举办论坛还是评奖、比赛等,始终都是围绕两点来展开:一是活动的目的,二是活动的创意。

1. 开幕式策划

开幕式是展会正式的标志,同时也是主办单位向公众展示展会的规模和实力的良好机会,因而必须受到重视,更不能有任何差错。其策划要点有以下几点:主题、时间、地点、开幕式程序、出席的主要嘉宾、讲话稿和新闻通稿、创新之处。

(1) 主题。展览会的开幕式应该围绕一个鲜明的主题来展开,一般来说,这个主题与本届展览会的定位是一脉相承的。明确了开幕式的主题后,活动程序、领导发言稿和新闻通稿的撰写、表演活动等便有了基调和依据。

(2) 时间和地点。确定展览会开幕式的时间应遵循"三不宜"原则,即不宜过早、不宜过晚、持续时间不宜过长,因此,大部分展览会都将开幕式的时间定在早上9点左右。至于地点,则一般选择在场馆前的广场上举行,舞台往往需要临时搭建。

(3)创新之处。一般来说,展览会尤其是品牌展览会的开幕式应该不断创新,否则很容易给人一种走过场的感觉。而且,开幕式创新的渠道很多,既可以是形式上的,也可以是内容上的,甚至是文化上的。例如,在第六届中国住交会(CIHAF)上,主办单位邀请200多位民工作为开幕式嘉宾,增添了展览会的人文色彩,并受到了媒体的广泛关注和好评。

(4)操作模式。从操作模式上讲,展览会开幕式的常见操作方式有三种:主办单位自己策划并组织;外包给一家专业策划公司;面向社会公开招标。

特别提示

展览会开幕式创意设计

由于机械操作等原因,一些主办单位越来越不重视开幕式,甚至有个别主办单位标榜自己更加注重展览会的内涵,而对开幕式的组织不很在意。然而,好的开始是成功的一半,一个设计巧妙的开幕式能给主管领导、参展商和专业观众留下耳目一新的感觉。概括而言,展览会开幕式创意设计的常用渠道有两种:发挥名人效应、制造新闻事件。

2. 专题会议策划

在展会的相关活动中。专业研讨会、技术交流会、行业会议以及产品发布会等是最常见的会议活动。在策划专题会议时关键应掌握各种会议不同的策划要点。

(1)专业研讨会。专业研讨会是以研究行业发展动态为主要内容的会议。其策划要点有以下内容:会前简明扼要地向主要发言人与主持人介绍相关情况,事先设计好会议议程,邀请知名人士主持讨论会;明确讨论会的性质,合理安排讨论会的时间,与主持人讨论议程要求;请演讲者告知演讲的大致内容,并提供适当细节及分发相关资料。

(2)技术交流会。技术交流会是以技术的交流和传播为主要内容的会议。这类会议是与会者就大家共同关心的领域和合作的事业,或是未来伙伴关系的框架进行研讨。其策划的要求有以下几点:考虑合理安排会议时间;不要强挤时间来安排活动;事前当众宣传会议,要知道这个机会也许还有利于会议登记;考虑设立"交流会"布告牌;如果合适,与会议主席或主持人一起为会议构建框架,推进会议的进行;考虑提供茶点;不要强迫人们参加讨论交流会;要考虑到那些也许不属于交流范围内的人。

(3)行业会议。行业会议一般是由行业协会或者政府主管部门组织举办,行业协会会员或者该行业有关企业参加的会议。行业会议在策划上有三个方面的中心任务,即会议的主题、议题和筹备方案。

(4)产品发布会。产品发布会是以发布新产品或者是有关新产品信息为主要内容的会议活动。在发布形式上可采取新闻发布会、记者招待会、情况通报会、记者通气会、政策说明会、技术推介会、产品推介会以及成果发布会等类型,这些类型在内容和形式上常常互相交叉,各有特点。产品发布会的策划要点有:明确目的、确定口径和发布方式、选择时机、确定对象;发出邀请和接受报名、确定主持人和发言人、准备相关材料、布置会场、安排翻译、收集媒体报道。

3. 评奖活动策划

为了提高参展商和观众的积极性并丰富展览内容,有时候展会主办单位还会组织相关评奖活动。一般评奖活动主要有三类:一类与展会现场表演有关,如评价最具有人气展台,追加展台设计等;第二类是产品评奖,如"××展会金奖"等,在实际操作中,这一种评奖类型最为常见;还有一类则是独立活动,如策划论坛暨××展会颁奖晚会,作为展会的重要补充。

4. 娱乐活动策划

在展会期间,为了活跃现场气氛,更好地吸引企业参展和观众参展,办展机构往往会结合展会的需要,举办一些与展会有一定关联的表演及其他活动,如比赛、特色餐饮等娱乐活动,如果这些活动策划得好,可以提高展会的效果。当今在美国,无论是会议、展览会,还是节庆或大型体育赛事活动,几乎每一个节事活动都很注重娱乐性,以期为每一个参加者都带来身心的愉悦和深刻的感受。在过去三年里,美国在节事活动中的娱乐收入每年以近50%的速度猛增。可以预见,娱乐化也是展览会的发展趋势之一,娱乐活动策划应该引起国内展览会主办单位的重视。娱乐的要素很广,包括音乐、伙食、表演等。但必须指出的是,演出活动应该与展览会的主题紧密相关,切记不能喧宾夺主。

(1) 表演。表演是一项观赏性比较强的公众性活动,他吸引的观众一般比较多,现场气氛也比较热烈。表演可以是参展企业自己组织的为提高其展出效果的表演,也可以是由办展机构组织的为整个展会和所有参展商及观众服务的表演,还有一些是行业协会和当地政府组织的表演。要成功地组织展览会的表演活动,主办单位至少必须考虑以下四点:

提前策划。主办单位要清楚自己正在策划的是什么性质的表演。是与展览会主题相关的还是纯粹的娱乐性表演,是开幕式表演还是欢迎晚宴表演(或答谢晚宴表演);是为整个展览会服务的还是由某家参展商出资委托的表演……在明白了这些问题后,项目人员才能对整个展览会的所有表演活动(参展商自身的演示除外)进行策划和宏观把握。

选择场地。为表演活动预先选择合适的场地。如果是为整个展览会服务的表演,譬如开幕式上的乐队或舞狮表演,则应该选择在展览会的公共场所举行;如果由某家参展商出资委托的表演,则应安排在该参展商的展台上或附近举行。总之,除了开、闭幕式上的活动外,各类与展览主题相关的表演安排在展出现场比较合适。当然,具体选择在什么地方表演,要根据实际情况而定。

现场协调。对展览会现场的各种表演活动进行有效协调是很重要的。首先,主办单位应该对由组委会自身组织的表演进行统筹安排,并做好现场调度与服务,确保表演活动的顺利、安全举行;其次,参展商与参展商之间有时候也会因为对方的表演(或演示)活动影响了自己的展出效果而发生纠纷,这时就需要主办单位出面进行协调。

安全防卫。无论是为整个展览会服务的表演,还是参展商自己的表演或演示,现场表演活动往往会吸引大量专业观众驻足观看,因此,主办单位要首先和场馆协商,提前制定危机处理方案并安排适当人力,努力做好安全保卫工作。

(2) 其他。娱乐的内涵十分丰富，只要精心策划，主办单位可以在很多方面实现突破，从而给参展商和专业观众带来全新的感受。下面简单地列举几种常用的娱乐方式：

竞赛。在 2004 年上海国际汽车用品及一站式服务展览会上，组委会策划了汽车音响大赛、现场改装大赛、知名赛车游戏比赛等一系列竞赛活动，吸引了众多的国内外厂商、专业媒体和观众的关注，并成为本届展览会的突出亮点。再如，在 2005 年广州国际动漫画展览会上，主办单位为了让参观者能真正融入其中，设置了广东、香港两地 COSPLAY 大激斗。大激斗邀请了香港的优秀 COSPLAY 团队来展览会现场表演、交流，为广大的动漫画爱好者提供了一个展现自我风采的舞台。

文化。近几年，车展又开展了一系列的活动，包括举行"汽车模特大赛"、"车展风云榜评选活动"；完善国际汽车环保园的建设；增设"展中展"展区——展出了全国少年儿童汽车绘画大赛、历届"摄影大赛"以及全国大学生汽车设计大赛的获奖作品；推出了展览会吉祥物；举办"汽车展笔会"；印制纪念邮品；举办专场演出等。以上活动和安排促使汽车展的社会文化内涵得到挖掘，外延得以扩大。

特色餐饮。在 2005 中国(上海)国际绿色食品展览会上，组委会策划了一场顶级厨师现场秀，即邀请沪上五星级酒店的大厨倾情献艺，进行厨艺大比拼，而参展商和专业观众则有机会品尝、评点各位大厨的看家本领，在轻松、愉悦的环境中洽谈贸易。

媒体服务。在第二届中国(广州)国际汽车展览会上，主办单位把新闻中心设在珠江散步道的醒目位置，扩大了新闻中心的面积，并将新闻中心划分为五大区域，即资料发放区、记者工作区、记者休息区、嘉宾采访区和新闻发布区。其中，记者工作区免费提供电脑和宽带上网服务，还免费提供茶水以及寄发一定重量的资料。通过不懈努力，主办方为来自全国各地的媒体记者提供了更加完善、周到的服务，让他们真正有了宾至如归的感觉。

5. 展会旅游活动策划

展会旅游的概念有广义和狭义之分。广义的概念是把展会作为旅游活动的一种特殊类型，而狭义的概念是指展会之余所伴随的观光、休闲活动。本书所说的展会旅游活动是指狭义的概念。展会旅游活动的策划要点有：

(1) 策划项目及路线。一般来说，策划展会旅游项目及路线要考虑以下几个方面：切合展会主题、照顾对象兴趣、接待能力、内外有别。

(2) 安排落实。落实好车辆、安排好食宿，准备好必需的资金和物品，如摄像机、对讲机、团队标志、卫生急救药等。

(3) 陪同。

(4) 介绍情况。

(5) 摄影。

(6) 安全。

5. 展会论坛策划

随着展览会组织工作的不断完善和发展，现在几乎所有的专业展览会都在展出期间举办各种专业论坛和讲座，以提升展览会的专业水准。

(1) 展览会论坛的主要功能。展览业发展到今天的层次和水平，展览会已经离不开论坛的支撑。尽管展览会论坛的名称各异(常见的有产业高峰论坛、专业研讨会、技术交流会等),但功能却相差无几。概括而言,展览会论坛的主要功能体现在以下几个方面:

使得展览会同时具备贸易、展示、技术和信息发布等功能。尽管展览活动本身能够在较大程度上反映该行业的发展动态和趋势,但毕竟不系统、不全面。

丰富展览内容。丰富展览会现场的活动内容,真正实现"会"、"展"结合。

协助招商、招展活动。对相当一部分参展商和专业观众产生吸引力,很多时候,专业观众不是被展览而是被论坛吸引来的。

指导行业发展。对行业发展趋势以及热点、难点问题进行探讨,以帮助业内企业做出理智的决策,促进交流合作。

为参展商和专业观众提供一个新的商业平台,有时还可以策划专门的合作洽谈会。

(2)构建论坛框架。这里所说的"论坛框架"即指展览会论坛的策划方案。其主要内容包括:论坛的基本情况,如名称、时间、地点和规模;论坛的议程和举办形式;论坛的目标听众;演讲嘉宾的遴选和邀请;论坛相关资料的准备;会议招待;论坛接待安排;论坛召开;现场调查、茶歇等活动安排;论坛总结;论坛赞助;论坛预算。

6. 产品发布会策划

一般来说,"产品发布会"(或推介会)是针对参展商而言的,因而按理来讲,策划产品发布会不属于展览策划人员的职责范围(主办单位主要提供配套服务)。但有时候,主办机构也自己先行策划产品发布会,然后销售给参展商。这时,如果能熟悉产品发布会的流程,并掌握一些常用的技巧,有助于提高展览项目人员的服务技能。而且,在展览会期间成功地策划和组织产品发布会,能够有效提升展览会对参展商和专业观众的价值。

四、展会相关活动策划方案的编写

一份定位准确、主题突出、充满创意、具有较好的可执行性与可操作性的会展活动策划方案,对于树立展览会的知名度和美誉度往往有推动作用。活动策划方案一般包括新闻发布会、开幕式、路演、新产品发布会、产品说明会、节日促销、技术交流会、专业研讨会、论坛、现场表演及相关比赛等。

1. 展会相关活动定位准确

展览会相关活动是为展会服务的,因此,相关活动的定位一定要与展览会的定位相一致,活动的形式与内容不能脱离展览会的实际,而是要进一步丰富和完善展览会的基本功能。根据本次展览会的主题为活动策划确定一个准确而切实的主题就显得尤为重要。

2. 活动避繁就简,围绕主题展开

展览会举办期间,并不是安排的相关活动越多越好,看一个活动做得成功与否关键不在于活动安排得是否丰富多彩,而是看活动是否突出了展览会的主题,是否有利于吸引一定数量和质量的参展企业和参观观众,是否有利于活跃现场气氛而又不影响企业的展出和观众的参观以及活动本身是否能产生较好的效果。

3. 展会相关活动的可操作性强

一个好的活动策划方案应当对可能发生的问题尽量考虑周全,能否执行最直接地反映了该策划方案的可操作性。活动策划要做到具有良好的可执行性,除了需要进行周密的思考外,详细的活动安排也是必不可少的。这些活动一般涉及以下因素:时间、人员、场馆、费用、宣传等,在上述各方面均要做出适当安排。

4. 活动创意新颖

一般说来,我们在进行展览会相关活动的策划时,常会借鉴前人所积累的经验,往往会形成固有的思维模式,限制活动策划人员的思维,缺乏把握市场需求的灵活性。

拓展提高

大型会展活动策划的特点、内容和步骤

一、会展活动中活动的定义与特点

在策划活动之前,首先要明确何为活动。

对于大型公众活动的定义是:有目的,有计划,有步骤的组织众多人参与的社会协调行为叫作大型公众活动,也称为"大型活动"。"专题活动"是公共关系专业常用的技术手段。会展本身亦是大型公众活动常见的一种形式。

活动的特点为:鲜明的目的性,广泛的社会性,严密的操作性,高投资性。这些特性决定了其策划是一项需要花去大量时间和精力的工作,以便在实施活动策划时,达到最佳效果。

二、策划的定义与特点

活动策划包括五个基本要素,即时间、地点、人员、主题和流程。其中,人员包括活动主办、协办(联办)、承办、赞助等方面的相关机构与工作人员;主题包括该次活动的主要目的、中心任务和意义;流程则指按照日程顺序和人员分工来安排活动的分项目。

活动策划是策划人员根据活动组织目的的要求,调查会展现状、分析现有条件,为活动设计切实可行的行动方案的过程。策划活动的特点归纳为以下四点:策划有一定的目的性,有组织地;基于对会展背景的了解;有一个研究、分析的过程;一个制订行动方案的过程。

策划此类活动必须依据一些既定的原则。

1. 活动的主题与形式必须符合会展的需要

虽然说一个活动富有创意的话,可以吸引到观众的注意,但是仍然要与会展的大环境保持一致,否则将会导致脱离展会背景,更可能会造成观众对会展注目度的抽离,甚至带来隐患,以会展背景为前提是策划活动的首要原则。

2. 能进一步丰富和完善展会的基本功能

展会如果单纯以展示和会议的形式来传播相关信息、促成交易,就不能够完全地体现一个大型会展的魅力所在,而策划活动的目的就是丰富展会功能,为不同层次、不同专业的展会策划出不同的活动,针对会展本身的不足之处,用活动来弥补,完善会展是活动存在的本质。

3. 有助于展会吸引更多潜在企业参展和观众参观

会展的举办不一定能够吸引到某些对于会展信息不十分热衷的潜在观众、企业,对于这些对象,策划一个具有吸引力的活动是再好不过的方法了,可以把会展信息带给这些观众,从而把他们吸引到会展现场来。

4. 有助于活跃展会现场气氛但不影响企业展出和观众参观

如果在一个枯燥的会展现场,即便对此会展主题再热情,观众都不会停留很久,如果利用不同的传播方式把会展信息传达给他们,他们会对接受的信息印象深刻,并且会把这个好印象连带地作用在这个会展品牌上。当然,前提是必须是好印象,如果活动过于喧宾夺主,造成负面影响便得不偿失了。

5. 活动本身要能产生较好的效果

参与活动的过程对于一个来参观展会的观众和企业来说,应该是一个愉快的过程,他们可以通过活动了解到更多的行业热点、技术开发,但是,如果此活动并不能够产生良好的效果,这就是策划活动的失败,浪费了活动资本,也花去了观众的参与成本。

活动的策划者既希望做到有创意,吸引参观者,又担心活动过热的气氛会对展会本身造成不利影响,这两者间的矛盾造成了策划时的疑惑。例如在对于活动主题的确立上,就有两种相对的意见,是以表现会展整体的主题为主,还是吸引观众为主。一种观点认为,如果活动主题与会展主题不相符就会影响到会展本身效果,因为活动吸引了观众,把他们的注意力转移了;而另一种观点认为,活动以更为诱人的主题吸引到了观众,把他们带入会展中,观众自然而然就会把注意力转移到了会展上。其实这两种观点的出发点都是希望提高会展效果,如果按照前文提到的活动策划原则,策划者掌控住活动的分寸,无论是与会展主题相关与否,到达最终目的才是最重要的。

三、策划的主要步骤

会展中的活动其实是一种公关活动,只是针对的对象更为具体,即展会的目标企业和观众,所以其策划和实施,可以完全按照公关四步工作法的要求执行:

第一步,确立项目。活动的目标是什么?为什么要举办这个活动?这个活动对于会展整体而言有什么好处?在回答了这些问题后,就要收集会展的相关资料。如果是为专业性的会展举办活动,则要事先充分了解此行业的专业知识,至少做到半个专家,才有资格为活动确立项目,这亦是初步的资料调查。

必须明确确立的主题范围,由于活动是会展的一部分,所以它被期望达到的目的已经被细分,自然主题也应有针对性。

第二步,情况调查。调查,相当于要做到立项时的另半个专家,这不仅仅是了解该行业的专业知识,更要针对活动本身作调查,例如国家关于公众活动方面的政策和法规、公众关注的热点话题以及预期持续时间、历史上同类型活动的案例、场地状况和时间的选择性,都是调查的内容。

第三步,活动相关可行性研究,是一个十分重要的工作步骤,根据调查的情况确定出可行的活动范畴,为策划定下基础,也尽可能节省论证方案的人力精力成本。研究范围包括活动的社会适应性,会展现有的条件包括社会环境和目标公众的适应性,财力适应性,效益的可行性。

从效益的角度考虑,把活动费用与媒体宣传方面费用相比较,如果投放媒介做广告比做一个活动更有效,活动就不一定做了,何况举办活动可能还需为其再做媒体宣传。还有社会物质水平的适应性,活动需要动用许多社会物质,出奇出新的创意更需要物质的支持,因而需要策划人员尽量利用可以获得的物质。最后一个是应急能力的适应性研究,需要哪些应变措施?如户外活动要考虑天气的情况,野外活动考虑更多的是安全设施问题,这些都是要进行可行性研究的范畴。

第四步,提炼活动主题,进行创意。一个活动之所以可以完善会展的功能,就因为它的形式比会展更为丰富,所以活动有它自己的创意点就成为关键。如同广告创意一样,除了个人创意外,要特别强调团队创意的概念,如果能够在创意过程中采用头脑风暴法,则可以事半功倍。团体创意的过程也始终贯穿着个人的创意过程,作为现代策划,需要的是多个学科的综合和团体的智慧,而不是某个人的杰作。

第五步,流程及细节考虑。一个活动并不是拥有主题就够了,还需要众多细节问题的支持,例如嘉宾的演讲次序,时间安排等等,流程就是一个活动对受众的语言,完美的表达才能使活动起到最大的影响。细节策划是策划者最容易忽视的一个环节,甚至被认为是执行时应该考虑的问题。策划者需要调动各种资源来确保活动的顺利进行。

第六步,制定策划方案,也就是把设想的方案用文字表达出来,即按形式、时间、地点、人员、主题和流程几个部分,书写策划方案。

第七步,活动策划方案论证。这是对整个方案的可行性论证,针对不合理的活动细节略加调节,方案论证通常使用定位式优选法,轮转式优选法和优点移植法。

以上的七个步骤只是一个必要的模式,不同类型的活动在细节上会各有差异,甚至完全不同,需要视具体情况而定。

 ‖ 思考练习 ‖

一、填空题

1. 从会展相关活动的主办者是办展机构的角度来看,在展会期间举办的相关活动一般有_____、_____、_____和其他相关活动。
2. 从本质上来说,会展是为信息交流而进行的传播活动。会展的最大特点在于信息的"_____"。
3. 展会期间举办的表演活动可以分为三种:一是_____、二是_____、三是_____。
4. 展会相关活动的策划始终都是围绕两点来展开:一是活动的_____,二是活动的_____。
5. 展览会开幕式的常见操作方式有三种:_____、_____、_____。

二、简答题

1. 策划展览会相关活动的基本原则包括哪些?
2. 举办展览会相关活动的作用是什么?
3. 策划展览会产品发布会有哪些常用技巧?

单元要点归纳

　　本单元主要介绍参展说明书的主要内容、会展接待的内容和步骤、展会相关活动的种类的写法。参展说明书是办展机构将会展筹备、开幕以及参展商参加会展时应注意的其他问题汇编成册,以方便参展商做参展准备的一种小册子;会展接待的内容包括接站、食宿安排、宴请、看望、翻译服务、观看电影和文艺演出、参观游览、联欢娱乐、返离送别等方面;举办展会相关活动能满足参展企业与专业观众达成交易、获得信息等多种需求,同时也能使展会的影响力、知名度提高;通过学习,会展从业人员应当在会展运作过程中熟悉并掌握以上文案的写作。

第五单元　会展运作阶段的文案（下）

单元概述

本单元主要讲述会展运作阶段的展会宣传推广计划、会展广告文案、展会通讯三种文案。通过本单元的学习，要求了解展会宣传推广计划的特点、会展广告媒体的选择、展会通讯的作用、掌握展会宣传推广计划的内容、会展广告文案的写作、展会通讯的内容。

本单元共包括四个学习任务，分别是：展会宣传推广计划、会展广告文案、展会通讯、会展记录。

单元目标

- 能够掌握展会宣传推广计划的特点及内容
- 能够了解会展广告媒体的选择方式
- 能够掌握会展广告文案的写作
- 能够了解和掌握展会通讯的作用及内容

学习任务 1　展会宣传推广计划

任务概述

展会宣传推广计划在展会策划和营销工作中起到的重要作用,也对展会的发展和各方面的工作具有重要的影响,具有整体性和计划性的特点,宣传推广的方式多样,可灵活组合。

任务目标

- 了解展会宣传推广计划的含义
- 理解展会宣传推广计划的特点
- 掌握展会宣传推广计划的内容
- 掌握展会宣传推广策划的步骤

学习内容

一、展会宣传推广计划的含义

展会宣传推广计划就是简要介绍展会宣传推广的手段、办法、范围和渠道以及展会计划如何扩大其影响的措施等。展会宣传推广计划是展会的整体宣传推广计划,对展览会的发展有重要的影响,是展会策划和营销工作中的一个重要环节,也是参展商尤为关注的项目,因此,需要在写作中详细列明。展会的招展宣传推广和招商宣传推广可以独立进行,也可以包含在展会整个宣传推广计划中。

展会宣传推广工作是展会的"导航器",它对展会各方面的工作都有重要的影响,很多客户是通过展会宣传推广才开始认识和了解展会的。鉴于展会宣传推广的重要性,很多展会的办展机构都会指定专门的人员来负责展会的宣传推广工作。

二、展会宣传推广计划的特点

1. 整体性

与展会招展宣传推广和展会招商宣传推广不同,展会宣传推广服务于整个展会,是一种整体的宣传推广工作。展会宣传推广的任务主要有:促进展会招展;促进展会招商;建立展会的良好形象和创造展会竞争优势;协助业务代表和代理机构顺利开展工作;指导内部员工如何对待客户等。展会宣传推广要处处注意展会的整体利益,不能因为只关注实现其中的某一个目标而妨碍其他目标的实现。

　　2. 阶段性

　　展会宣传推广是随着展会筹备工作的进展和展会的实际需要而分步骤、分阶段逐步实现的。所以，展会宣传的阶段性很强，展会发展到什么阶段就进行什么样的宣传推广工作，任务十分清晰和明确。

　　3. 计划性

　　展会宣传推广的任务多，阶段性强，这就要求在展会一开始筹备时就必须认真规划好展会的宣传推广工作，照顾到展会筹备工作各方面对宣传推广的需要，给展会筹备工作以强有力的全方位的支持。

　　4. 服务性

　　展览本质上是一种服务，它属于服务业的范畴。展会只是各种会展服务的一个有形载体，它本身对参展商和观众来说并无多大意义；参展商和观众之所以要参加展会，是因为他们想得到展会提供的服务，如贸易成效、信息、展示等，如果他们享受不到这些服务，展会对参展商和观众来说就形同虚设。正是有了这些服务，展会才成为名副其实的展会，企业才来参展，观众才来参观。所以，从本质上看，展会宣传推广是宣传和推广展会的各种服务。

　　另外，展会宣传推广是一种多媒体多渠道的宣传推广工作。各媒体和渠道的宣传推广安排，要求时间上要协调，口径上要统一，内容上要各有侧重，效果上要互相补充。这样，展会宣传推广的促进作用才最明显。

　　三、展会宣传推广计划的内容

　　基于展会宣传推广的整体性和计划性等特点，几乎所有的办展机构都将展会的招展宣传推广和招商宣传推广纳入展会宣传推广计划中，由展会负责宣传推广的部门来统一制定和实施。因此，展会宣传推广计划包括的内容很多。

　　展会宣传推广计划实质上就是对各种展会宣传推广的手段、办法、范围和渠道的选择，一个展会往往会选择多种宣传推广的方式组合应用，以达到宣传的效果。

　　1. 广告

　　广告包括在专业杂志、大众媒体、网站户外媒介（如户外广告牌、交通工具等）、包装媒介等上面做的各种广告。不管是在哪种媒体上做广告，广告的主题设计必须明确、突出，并包含目的、优势和承诺三个基本要素；广告文稿的标题要简洁醒目，口号要富有创意，正文要真实具体；广告的图画设计要具备能引人注意、强化记忆、提示广告的主题和内容，看起来令人精神愉悦。

　　2. 软性文章和图片

　　软性文章和图片包括在专业报纸杂志、网站、广播电视等媒体上刊登的各种对展会的评论、报道、特写和消息以及相关图片等。这些文章可能是展会有关人员写的，也可能是一些记者或专业人士写的，它们一般都是免费的。软性文章是一种隐形的广告，其可信度较高，也容易被受众所接受。

3. 直接邮寄

直接邮寄包括办展机构向其客户直接邮寄的各种展会宣传材料,如展会宣传单、展会说明、观众邀请函等。直接邮寄是展会宣传推广常用的方式之一,其针对性强、效率高、效果明显。

4. 新闻发布会

新闻发布会是展会在社会上进行展会形象宣传推广的主要方式,是媒体获得新闻的重要途径。由于新闻采访和报道费用较低,可信度比较高,对塑造展会的社会形象和传播展会的品牌知名度有很好的效果。在展会筹备期间以及展会开幕前后就展会的有关情况举行新闻发布会对宣传展会很有帮助。举行新闻发布会的前提是即将发布的内容一定要有新闻价值,否则,可以改为以邀请记者进行现场采访的方式来代替新闻发布会。

5. 人员推广

人员推广包括展会有关工作人员对各机构和客户的直接拜访、电话、传真和E-mail联络等。人员推广方式能够最直接地和客户进行一对一的沟通,能很好地联系客户的感情,倾听客户的声音。

6. 展会推广

展会推广包括在国内外各种同类展会上的宣传推广活动。

7. 机构推广

机构推广包括与各行业协会和商会、国内外的办展机构、国际组织、外国驻华机构和政府主管部门合作进行的各种推广活动。

8. 公共关系

公共关系是指办展机构利用各种传播手段和社会公众沟通感情,建立良好的社会形象和经营环境的活动,如加入国内著名的行业协会,积极参加行业活动,举行公益事业活动等。应该说会展公共关系的作用面较广,着重于会展的形象和长远发展,有利于会展品牌的建立。

9. 展会相关活动

展览期间举办的各种活动,如会议、比赛、表演等都是展会宣传推广的重要组成部分。

10. 在有关网站上宣传推广

无论展会宣传推广计划中选择了哪种宣传推广方式和渠道,都应该明确推广目标、做出费用预算,便于宣传推广活动的实施和效果评估。

例文

2010年世界男子排球联赛(中国武汉赛区)宣传推广方案

一、宣传宗旨

通过科学系统的宣传,提升企业品牌,扩大赛事影响力,服务票务销售。

二、指导思想

整合传播手段,深度覆盖;细分目标群体,针对性传播;强化消费群体互动,直接面向终端;结集与爆炸式传播结合。

三、媒体资源

1. 电视媒体资源：中央电视台、武汉电视台。

2. 平面媒体资源：人民日报、新华社、中国青年报、中国体育报、体坛周报等全国众多中央级主流报纸；湖北日报、长江日报、楚天都市报、楚天金报、武汉晚报、武汉晨报、长江商报等本地主流媒体，涉及体育、财经、时尚、休闲及生活消费等各领域。

3. 网络媒体资源：中国排球网、央视国际（CCTV.COM）、新华网、北青网、新浪、华体网、华奥星空、荆楚网、大楚网等网站全程跟踪报道，并在合作网站上开辟专题网页进行全面报道，并对企业品牌进行专访报道。

4. 广播电台：中央人民广播电台、湖北广播电台等电台媒体。

5. 户外媒体资源：城市电视、楼宇视频、公交车身、的士后屏、站台广告等。另：多家国外电视、报纸、电台、网站等媒体将参与赛事报道。

四、宣传形式

1. 新闻发布会（9次）

次数	主题	时间	出席嘉宾	出席媒体
1	赛事承办	1月28日	(1)国家体育总局、省体育局领导 (2)中国男排主教练周建安 (3)省、市、武汉经济技术开发区政府领导 (4)中国赛区承办城市负责人	中央电视台、湖北电视台、武汉电视台；人民日报、新华社、中国青年报、中国体育报、体坛周报、湖北日报、长江日报、楚天都市报、楚天金报、武汉晚报、武汉晨报、长江商报、漯河日报；中国排球网、荆楚网、大楚网等；中央人民广播电台、湖北广播电台交通频道 （注：可根据赞助企业的需要进行调整和选择）
2	赞助合作	3~4月	(1)国家体育总局、省体育局领导 (2)省、市、武汉经济技术开发区政府领导 (3)赞助企业负责人	
3	赛事筹备	5月	(1)国家体育总局、省体育局领导 (2)省、市、武汉经济技术开发区政府领导 (3)赞助企业负责人 (4)中国男排教练组 (5)武汉赛区领导	
4	队伍抵汉	6月	(1)国际排联官员、国家体育总局、省体育局领导 (2)省、市、武汉经济技术开发区政府领导 (3)赞助企业负责人 (4)中国队、意大利队、法国队主教练和队员 (5)武汉赛区领导	
5	第一场赛后新闻	7月2日	(1)中国队主教练和队员 (2)意大利队主教练和队员 (3)国际排联新闻官	
6	第二场赛后新闻	7月3日	(1)中国队主教练和队员 (2)意大利队主教练和队员 (3)国际排联新闻官	

(续表)

次数	主题	时间	出席嘉宾	出席媒体
7	第三场赛后新闻	7月9日	(1)中国队主教练和队员 (2)法国队主教练和队员 (3)国际排联新闻官	
8	第四场赛后新闻	7月10日	(1)中国队主教练和队员 (2)法国队主教练和队员 (3)国际排联新闻官	
9	赛区总结	7月中旬	(1)国家体育总局、省体育局领导 (2)省、市、武汉经济技术开发区政府领导 (3)赞助企业负责人 (4)中国男排教练组 (5)武汉赛区领导	

2. 电视
(1)现场直播:中央电视台、武汉电视台。
(2)新闻、专题片、赛事广告、票务广告。
3. 报纸:新闻、专题、赛事广告、票务广告。
4. 网络:新闻、专题、赛事专栏、票务销售主页。
5. 广播:新闻、专题、赛事广告、票务广告。
6. 户外广告:投放赛事广告;海报宣传范围和布点:移动公司营业厅、全市各大高校、超市、商场、企业、社区等。
7. 纪念T恤(数量10 000件):节目单、门票广告宣传。
8. 短信息广告:通过中国移动、中国联通、中国电信小灵通向公众发送短信息广告。

五、宣传计划

本次演出会将根据晚会票房的需要和冠名企业的需求制定宣传计划,目前计划将分为三个阶段来进行,具体是:

1. 新闻预热期:(从召开新闻发布会到售票前期)
新闻报道:

投放时间	投放媒体	宣传形式	投放次数	内容
4.1—5.30	湖北省电视台	新闻、赛事报道	若干次	由组委会统一向新闻单位发新闻通稿,内容包括: (1)排球项目介绍(起源、发展、现状) (2)中国排球历史回顾 (3)湖北排球历史回顾 (4)赛事赞助签约仪式
4.1—5.30	武汉电视台	新闻、赛事报道	若干次	
4.1—5.30	湖北日报	新闻、赛事报道	若干次	
4.1—5.30	长江日报	新闻、赛事报道	若干次	
4.1—5.30	楚天都市报	新闻、赛事报道	若干次	
4.1—5.30	楚天金报	新闻、赛事报道	若干次	
4.1—5.30	武汉晚报	新闻、赛事报道	若干次	

(续表)

投放时间	投放媒体	宣传形式	投放次数	内容
4.1—5.30	武汉晨报	新闻、赛事报道	若干次	(5)啦啦队选拔活动(报名、现场报道等)
4.1—5.30	长江商报	新闻、赛事报道	若干次	(6)湖北省业余挑战赛(报名、比赛)
4.1—5.30	第一生活	新闻、赛事报道	若干次	(7)志愿者招募活动
4.1—5.30	荆楚网	新闻、赛事报道	若干次	(8)吉祥物、徽标征集活动,形成媒体集中轰炸,制造流行趋势。
4.1—5.30	大楚网	新闻、赛事报道	若干次	
4.1—5.30	城市电视	新闻、赛事报道	若干次	
合计				

2. 立体轰炸期:(从售票前期到比赛结束)

(1)电视、广播广告投放

投放周期	媒体名称	宣传形式	投放频次	内容
6.1—7.10	湖北电视台体育频道	新闻、赛事报道15秒广告	3次/每日	1. 新闻发布会 2. 人物采访 (1)国际排联主席魏纪中 (2)袁伟民 (3)汪嘉伟 (4)张蓉芳 3. 球队采访
6.1—7.10	武汉电视台体育频道	新闻、赛事报道15秒广告	1次/日	
6.1—7.10	湖北广播电台107.8	新闻、赛事报道15秒广告	2次/日	
合计			待定	

(2)平面媒体投放

投放周期	媒体名称	广告形式	投放频次	备注
6.1—7.10	湖北日报	软文植入	待定	
6.1—7.10	长江日报	软文植入	待定	
6.1—7.10	楚天都市报	软文植入	待定	
6.1—7.10	楚天金报	软文植入	待定	
6.1—7.10	武汉晚报	软文植入	待定	
6.1—7.10	武汉晨报	软文植入	待定	
6.1—7.10	长江商报	软文植入	待定	
6.1—7.10	第一生活	软文植入	待定	
合计			待定	

(3)海报张贴范围

张贴时间	张贴地点	数量	备注
6.1—7.10	华中科技大学	100张	
6.1—7.10	武汉大学	100张	
6.1—7.10	中南财经政法大学	100张	
6.1—7.10	武汉理工大学	100张	
6.1—7.10	华中师范大学	100张	
6.1—7.10	华中农业大学	100张	
6.1—7.10	中南民族大学	100张	
6.1—7.10	中国地质大学	100张	
6.1—7.10	湖北大学	100张	
6.1—7.10	江汉大学	100张	
6.1—7.10	群光广场	50张	
6.1—7.10	光谷广场	50张	
6.1—7.10	销品茂广场	50张	
6.1—7.10	万达商业广场	50张	
6.1—7.10	武商量贩超市	500张	
6.1—7.10	中百仓储超市	500张	
合计:		3 000张	

(4)公交车车身广告投放

投放周	线路	数量	备注
6.1—7.10	待定	待定	

(5)公交候车亭广告

投放周期	线路	数量	备注
6.1—7.10	待定	待定	

(6)新闻发布会和印刷品广告

物料名称	规　格	数　量	回报内容
门票	23×10 cm	45 000张	背面发布冠名赞助商广告
单张	28.5×21 cm	45 000张	背面发布冠名赞助商广告
海报	69×99 cm	10 000张	主画面发布冠名赞助商广告
售票点台牌	30×20 cm	100~150个	标题冠名广告
售票点×架	60×160 cm	150~300个	标题冠名广告

(续表)

物料名称	规　格	数　量	回报内容
现场鸣谢牌	3 m×8 m	1~2块	主画面发布冠名赞助商广告
新闻发布会背景板	规格待定	1块	主画面发布冠名赞助商广告
现场采访背景板			发布冠名赞助商广告
欢迎宴会背景板	规格待定	1块	发布冠名赞助商广告
现场横/条幅	规格待定	4条以上	主会标、黄金广告位
主售票点包装	规格待定	3个以上	赞助商宣传海报(×架)
新闻发布会环境包装	规格待定	1个	标题冠名广告,协办单位列名广告;赞助商宣传海报(×架)

四、展会宣传推广策划的步骤

由于需要宣传推广的内容较多,在进行会展的宣传推广策划时,必须全面系统地制订策划方案,以满足会展筹备工作的需要。通常,会展宣传推广策划包括以下六个步骤:

1. 确定目标

确定目标就是要明确通过会展宣传推广策划所希望达到的目标,如招展、招商或树立会展品牌形象等。只有搞清楚宣传推广策划的目标和任务以后,会展宣传推广策划的实施才有意义;否则,会展的宣传推广工作就会无的放矢。需要注意的是,会展的宣传推广目标具有一定的阶段性,在会展筹备的不同阶段其主要任务也有所差别。例如,在会展筹备前期宣传推广策划的目标偏重于招展,而后期则偏重于招商。

2. 进行宣传推广资金的预算

在确定宣传推广的目标之后,需要确定为了达到该目标所需要的资金预算。在实际操作中,会展宣传推广预算可以先按宣传推广渠道的不同来分别制定,然后再将各渠道的预算汇总成会展宣传推广的总预算。从国际普遍做法来看,会展活动举办方一般会将会展预期收入的10%~20%拿出来作为会展宣传的资金投入。

3. 策划宣传推广的信息

宣传推广信息策划的目的在于确定会展的宣传推广需要向外界传递怎样的信息,如会展的理念、优势和特点及 VI 形象等。不管会展向外界宣传推广的是怎样的信息,都必须保证信息的真实可靠。此外,会展宣传推广的信息要具有自己的特色,不能与别的同类会展雷同,这样才不会被其他类似的信息所淹没。

4. 策划宣传推广的资料

现在的会展几乎没有不印发宣传推广材料的。可见,行之有效的会展宣传推广活动,需要通过精心策划的宣传推广资料制造宣传攻势。随着同行业竞争的日趋激烈和会展规格的不断提升,各参会厂商在宣传推广材料的印制上煞费苦心。宣传推广资料的素材主要包括专题报道、展前预览、新产品报道、参观指南、展期新闻、展会回顾等。

5.策划宣传推广的渠道

为了提高宣传推广的效果,在进行策划时需要考虑拓宽宣传推广渠道,通过电视、报纸、户外广告、网络、数据业务平台等各种渠道,及时发布真实和丰富的会展信息。

6.评估宣传推广的效果

对宣传推广效果的评估,归纳起来有两种标准,即量化标准和反馈标准。量化标准就是通过统计的方法,对宣传推广资料的发放、宣传的场次及受众的人次等用数字反映出来;而反馈标准是指通过收集宣传推广对象的反馈信息,采取综合评估的方法来验证宣传推广的实际效果。

五、展会宣传推广策略

1.显露型宣传推广

显露型宣传推广适合展会初期,迅速提高知名度。

(1)目的:以迅速提高展会的知名度为主要目的,宣传推广的重点是展会的名称、办展时间和办展地点等简单明了,便于记忆的展会信息。

(2)适用:这种宣传推广多在展会创立的初期实施,或者是在展会已经有了一定的名气之后作为对客户进行定期"提醒"之用。

2.认知型宣传推广

认知型宣传推广重点是增加受众对展会的深入认识。

(1)目的:使受众全面深入了解展会,增加受众对展会的认知度,宣传推广的重点是展会的特点、优势等较为详细的内容。

(2)适用:多在行业对本展会已经有了一些初步了解之后,展会作进一步的招展和招商时实施。

3.促销型宣传推广

促销型宣传推广属于短期计划,重点在于效应和轰动。

(1)目的:为了在短期内推动展会展位的销售或招揽更多的观众到会参观,宣传推广的重点是参展商和观众所关心的主要问题。

(2)适用:多在展会招展和招商时使用。

4.竞争型宣传推广

竞争型宣传推广特点是针锋相对。

(1)目的:与竞争对手展开竞争或进行防御,宣传推广采取与竞争对手针锋相对措施。

(2)适用:多在本展会受到竞争对手的威胁,或者本展会意欲与其他展会展开竞争时使用。

5.形象型宣传推广

(1)目的:扩大展会的社会影响,建立展会的良好形象,不单纯追求短期销售量的增长,宣传推广的重点是追求目标受众对本展会定位及形象的认同,积极与他们进行信息和情感沟通,增加他们对展会的忠诚度和信任。

(2)适用:在展会筹备期的任何阶段实施。

六、展会宣传推广渠道

展会宣传推广渠道比较广泛,大致上分为媒介宣传、公关宣传、人员宣传、同类展会四个渠道。

1. 媒介宣传

(1)专业媒体。专业媒体的形式:与展会题材有关的行业专业报纸、杂志、展会目录、展会会刊等。专业媒体的特点:针对性强,富有专业性,直接面向展会的目标参展商和目标观众,是展会首选的宣传推广媒介。

(2)大众媒体。大众媒体包括电视、广播、各种报刊、户外媒体、网站等,这些传媒普及性强,社会接触面广,即面对目标参展商与专业观众,也面向展会的普通观众。大众媒体的特点:大众媒体实效性强,覆盖面广,具有一定的新闻性和可信度,因此是展会其他宣传推广方式的有效补充。

案例分析

2011 年中国(重庆)国际汽车工业展

在"专业告之"、"深度告之"、"有效告之"的宣传推广原则基础上,本展会坚持以展商目标市场为传讯受众的展会宣传原则,进一步强化宣传效果。通过有效的活动,提高各方参与度,增加展会宣传推广的互动性、针对性、有效性。

宣传范围——重庆及西南区域省市为主,辐射全国。

宣传渠道——各类强势平面媒体、视听媒体、网络媒体、户外媒体及行业协会等渠道。

宣传方式——媒体广告及新闻投放、展会推广等。

合作媒体:

1. 知名杂志:汽车之友、车王、时尚o座驾、汽车测试报告、汽车观察、当代汽车报、汽车周报、时代汽车、汽车商业评论、世界汽车、汽车驾驶与维修、汽车导报、越野世界、汽车与配件、汽车族、汽车世界、中国SUV周刊、中国汽车界、汽车商情、商用汽车、汽车与运动、新汽车等。

2. 主流报纸:新华社、中国新闻社、人民日报、经济日报、中国青年报、中国汽车报、21世纪经济报道、第一财经日报、中国经营报、财经时报、新民晚报、华夏时报、中国经济时报、中国企业报、新京报、广州日报、香港商报、大公报、香港文汇报、彭博新闻社、杭州日报、北京晚报、上海青年报、楚天都市报、成都商报、天津日报、辽沈晚报、重庆日报、重庆晨报、重庆商报、重庆晚报、重庆时报、新女报、渝报等。

3. 视听媒体:中央电视台二套、CNN、BBC、NHK、凤凰卫视、重庆卫视、中国高速频道、重庆新闻频道、重庆移动公交电视、重庆交通广播电台、重庆新闻广播电台、重庆音乐广播电台、重庆经济广播电台、市内各大影院、周边省市及区县电视台等。

4. 网络媒体:重庆车展官方网站、新华网、人民网、腾讯网、新浪网、搜狐网、雅虎网、网易、酷6网、土豆网、猫扑、汽车之家、太平洋汽车网、车168、腾讯、大渝网、中国汽车网、易车网、youka汽车网、晚报第一眼、网上车市、车马驿站、爱卡汽车网、慧聪网、八一车网、华龙网、重庆购物狂、巴渝车网、中国二手车网、汽车专业人才网、汽车英才网、瀛商网等。

  5.户外媒体:展馆周边户外媒体、重庆市各主要路段户外媒体、重庆各区县楼宇电视、市内主要广场大型显示屏、市内各楼宇电梯看板广告、机场到达厅显示屏等。

2.公关宣传
(1)内涵:展会组织者通过策划和实施一些能够引起公众注意的公共关系事件达到宣传和推广目标的营销方法。
(2)目的:一是扩大展览的影响,吸引更多的参展商参加展出;二是建立关系,与参展商建立发展关系。
(3)形式:开幕式、新闻发布会、公益赞助等。
(4)新闻报道:展会常用的一种宣传方式,也是展会与新闻界加强联系的有效途径,如果宣传得当,新闻发布会是一种成本低而效率高的展会宣传推广手段。

案例分析

2010(秋季)中国沈阳家博会

  围绕"低碳、时尚、爱你、爱家、爱生活"的宣传主题。展开系列活动,吸收传统元素,混合现代气息,打造别具一格的展会。通过媒体宣传、户外推广和网络联盟三个途径,全面宣传家博会。

  1.新闻发布会
  组委会拟定于本月18日左右在沈阳举行大型新闻发布会,会上将邀请沈阳地区众多媒体、企业老总、组委会相关负责人参加。
  活动目的:倡导"低碳、时尚、爱你、爱家、爱生活"的宣传主题
  品牌层面:树立良好口碑、传递企业文化;加深品牌印象、提升家博会美誉度。
  市场层面:宣导预热,提高人气、带动招商。
  主题:启终端、谋发展。
  活动日期:2010年6月20日左右
  时间:下午2:00~5:30
  活动地点:沈阳商贸饭店(五星、暂定)。
  与会人数:150人。
  活动流程:活动开场——嘉宾讲话——企业介绍——酒会——抽奖
  展会期间,组织100场专家访谈,10余场主题活动。

2. 专家访谈

媒体	场数	主要对象	嘉宾
新浪	20	组委会和少数展商	选定
搜狐	15	特装展商和展商	媒体自选
搜房	15	展商	媒体自选和自荐
腾讯	8	无限制	自荐
网易	7	无限制	自荐
沈阳地区平媒	15	无限制	媒体自选和自荐
其他网络媒体	20	无限制	自荐

3. 主题活动

(1)开幕式舞狮、闭幕式为十二乐坊演奏(体现中西结合)。

(2)8月20日,与摄影爱好者俱乐部协同举办《百年家居图片展》。

(3)8月22日,《迷人家居变身饕餮大餐》"能吃的沙发"、"能吃的椅子"。

(4)贯穿整个展会的幸运大抽奖。

4. 配套活动

(1)8月20~9月22,联合新浪网,沈阳地区首届消费者"最喜爱的家居品牌"调查评选活动及颁奖。

(2)8月22日,2010年陶瓷、卫浴、地板最新流行趋势发布会。

(3)8月21日,启动《空间创意设计大赛》。

(4)8月22日,《首届大型家装设计体验节》。

3. 人员推广

(1)内涵:人员推广是一种人际交流,是一种直接的宣传方式,展出者通过与目标观众实际联络,告知展出情况,邀请其参观展览。

(2)形式:主要有发函、打电话、传真、拜访等,相对其他工作人员,推广工作的成本较低。

(3)发函:直接发函、信函(礼品、贵宾卡)。

(4)直接邮寄。直接邮寄的目的是在恰当的时间,把恰当的资料和信息邮寄给恰当的人,并使其做出预期反应。邮寄请柬给政府官员或演讲嘉宾,一般要提前2~3个月。展会结束后,主办方还应将感谢信、展览会评估结果及客户需要的其他材料一并寄给参展商,同时传达下一届展览会的有关信息。邮寄方式一般包括信函和包裹。

面向参展商:介绍展会程序,注重强调展览会的观众组织和配套服务。重要客户应附上主要负责人亲笔签名。

面向专业观众:强调参展的数量、档次以及主办方能够提供的洽谈环境,同时邮寄观展指南、邀请函和入场券。

面向媒体记者:有价值的新闻资料,包括展览会的技术创新之处或在参展商人数、档次方面的突破。

案例分析

感谢信

厦门弘慧网络科技有限公司：

"2010广州佛事及祭祀用品展览会"在贵公司的积极参与和大力支持下已取得了圆满的成功。展会期间，承蒙贵公司的鼎力支持，使得本届展会无论是在规模上还是质量上均比上届有了较大的提升，也取得了一定的成绩。

感谢贵公司在展会中为广大买家和观众展示了优质的产品，正是有了贵公司精心的布置，用心的展示，到会观众才能享受到你们卓越的工作成果和高品质的产品，展会也变得更加丰富多彩；感谢贵公司一直以来对我们工作的支持和协助，正是有了你们的支持，我们的展会才更加顺利、圆满。

我们的展会旨在带动文化产业的健康运营，构建和谐社会、弘扬佛教文化，同时为全球佛事用品工贸企业提供良好的对外贸易平台。我们知道，各位嘉宾、到会代表是从世界及全国各地特意为参加展会而来，这就足以让我们肃然起敬。我们期望贵公司能继续支持"广州佛事及祭祀用品展览会"。

最后，我们向所有参加展览会的各位嘉宾及业内人士表达最诚挚的谢意！

此致

敬礼

2010广州佛事及祭祀用品展览会组委会
二〇一〇年六月十五日

4. 同类展会

国内外同类展会是展会目标客户最集中的地方，在这些展会上进行宣传推广，会受到良好的效果。

案例分析

第二届中国(广州)国际印刷技术展览会

国内外展会宣传推广。近期展会现场和相关商务活动宣传推广计划。

序号	展会(活动)名称	举办日期	举办城市	宣传形式
1	第四届中国印刷及设备器材展览会	2008.11.14－17	上海	展会现场散发广告单，初期造势
2	第十一届北京国际印刷信息交流大会	2008.11.28	北京	发布广印展举办信息
3	第十七届华南国际印刷工业展	2009.03.03－06	广州	调研情况/拜访客户/发布展会信息

(续表)

序号	展会(活动)名称	举办日期	举办城市	宣传形式
4	第七届北京国际印刷技术展	2009.5.12－16	北京	广印展首次国内新闻发布会
5	美国芝加哥印刷技术展	2009.9.11－16	芝加哥	广印展首次国际新闻发布会
6	广东印协2009年年会暨协会成立30周年庆典	2009.9.22－24	广州	发布信息及散发材料
7	第十一届龙港国际印刷工业博览会	2009.10.15－17	温州	广印展新闻发布会现场招展
8	2009中国国际网印及数字化印刷展	2009.11.10－12	上海	广印展招展
9	第四届亚洲国际标签印刷展	2009.12.01－04	上海	广印展招展
10	第十二届北京国际印刷信息交流大会	2009.12.4	北京	宣讲及散发材料
11	第十七届华南国际印刷工业展	2010.3.9－11	广州	广印展展位现场招展
12	中国印协出口与展览工作会议	2010.4.2	上海	广印展筹备工作进展通报及招展推进
13	2010东莞励华彩盒展	2010.04.07－09	东莞	现场招展
14	2010香港国际印刷及包装展览会	2010.04.28－05.01	香港	广印展展位现场招展、招商
15	后金融危机的华南印包市场报告会暨中印协东莞公司开业酒会	2010.05.13.	东莞	市场研讨及行业交流
16	英国伯明翰国际印刷展	2010.05.18－25	伯明翰	广印展招展
17	2010北京国际包装博览会	2010.06.02－04	北京	广印展新闻发布会
18	2010拉丁美洲国际印刷展览会	2010.6.23－29	圣保罗	招展招商宣传
19	第十七届上海国际印刷包装纸业展(PPP)	2010.07.07－07.10	上海	广印展新闻发布会
20	第五届中国(北方)印刷及设备器材展览会	2010.07.27－30	北京	广印展现场招展
21	2010马来西亚国际印刷、纸张与包装机械展	2010.8.06－09	吉隆坡	广印展新闻发布会

(续表)

序号	展会（活动）名称	举办日期	举办城市	宣传形式
22	第十七届韩国国际印刷机械设备展	2010.9.08－11	首尔	广印展新闻发布会
23	第十三届印尼国际印刷、纸张	2010.10.27－30	雅加达	广印展新闻发布会
24	第十三届北京国际印刷信息大会	2010.12.03	北京	介绍广印展筹备情况，动员招商工作
25	广印展国际媒体宣周	2010.12.03－04	北京	向国内外媒体集中介绍广印展筹备情况，开展前强大宣传攻势
26	2010年新年\春节期间举办各种类型的客户联谊活动	2010.12－2011.2	北京	宣讲及散发材料，开展全面招商动员
27	第十八届华南国际印刷工业展	2011.3.初	广州	广印展展位现场招商

七、展会宣传推广的任务

1. 促进展会招展。
2. 促进展会招商。
3. 建立展会的良好形象，创造展会竞争优势。
4. 协助业务代表和代理们顺利开展工作。
5. 指导内部员工如何对待客户。

 拓展提高

展会宣传与推广的重要性

1. 促进展会招商招展

众所周知，会展业与旅游业是紧密相连的，两者在很大程度上是有着明显相似性的，可以说，会展业是另一种意义上的旅游资源的开发和利用。良好的会展项目能产生强大的互动共赢效应。会展业不仅能带来场租费、搭建费等直接收入，而且还能拉动或间接带动数十个行业的发展，会展可以带来大量的人群集中，直接创造商业购物、餐饮、住宿、娱乐、交通、通讯、广告、旅游、印刷、房地产等相关收入；能够迅速集聚人气，作为旅游资源带动相关旅游经济发展，据有关统计表明，一个好的会展对经济拉动效应能达到1∶9，甚至更高。上海亭湖区第十五届枯枝牡丹会展暨经贸洽谈会18日开幕。本届枯枝牡丹会展暨经贸洽谈会"以花为媒、文化搭台、经贸唱戏"，吸引了美国、英国、比利时、捷克、南非等国以及港澳台等地客商参加，签约投资超千万元以上项目66个，其中亿元以上项目50

个、10亿元以上项目10个。从会展的标语我们便可以看出,其出发点是花——以花为媒,落脚点却是经贸——经贸唱戏。

2. 吸引更多参观观众

多数会展紧扣经济,展示经济发展成果,会展经济的发展将直接刺激贸易、旅游、宾馆、交通、运输、金融、房地产、零售等行业的市场景气,大型和专业性会展往往是产品或技术市场占有率及盈利前景的晴雨表,推动商品贸易、投资合作、服务贸易、高层论坛、文化交流等各方面的发展与进步。也有效提升会展业所在地的文化底蕴与社会效益,提升旅游业的内涵与档次。当然,会展业可以有效解决劳动力的安置问题,以及所带来的可观的经济效益,为当地人民群众带来一条非常畅通的致富之路,对于发展地方经济,安置就业乃至促进整个社会秩序有序进行有着十分重要的意义。

3. 建立展会形象

在当今社会中,旅游已经成为不可替代的重要经济产业之一。在很多城市,旅游甚至一度成为支柱产业,除了门票等基本收入之外,不仅衍生了许许多多相关的旅游产业,安置了大量劳动力,促进了就业。还适当地拉动内需,促进经济增长。当前,我国很多旅游城市的人均收入和就业率都比较高,经济发展更是十分稳健。当然,作为旅游的一个重要资源——会展业来说,其所带来的游客更是平时的数倍,各个方面的消费和发展更会随之发展壮大起来,对于旅游经济的带动非常大。

4. 维护客户资源

一般而言,多数会展业都以文化产业或者某一产业为切入点,很大程度上促进当地文化产业的发展。会展业可以迅速汇聚巨大的信息流、技术流、商品流和人才流,意味着各行业在开放潮中,在产品、技术、生产、营销等诸方面获取比较优势,优化配置资源,增强综合竞争力。随着经济的飞速发展,人们的精神追求也开始不断提升,所谓"仓廪实而知礼节"说的便是这个道理。旅游资源处处有,人们追寻的更多是旅游资源背后的文化理念和文化意义以及所带来的对自身发展的重要意义。会展业对于传统文化意义的挖掘和创新,对于我国物质文化遗产和非物质文化遗产均有着十分重要的保护意义。当然,对于新时期的经济科技文化发展成果也可以有着迅速有效的推广和拓展。如北京的机床展、纺机展、冶金铸造展和印刷展等已跻身国际同行展的前四名,对展会已有的产业链和客户资源都是良好的展现,也是十分重要的客户产品展览和客户维系方式。

思考练习

一、填空题

1. 一般来说,展会宣传推广具有以下特点:_____、_____、_____、_____。
2. _____是展会的"导航器"
3. 对宣传推广效果的评估,归纳起来有两种标准,即_____和_____。
4. 只有搞清楚_____的目标和任务以后,会展宣传推广策划的实施才有意义。
5. 展览期间举办的各种活动,_____、_____、_____等都是展会宣传推广的重要组成部分。

二、简答题

1. 简述展会宣传推广计划的特点。
2. 简述展会宣传推广计划的主要内容。
3. 简述展会宣传推广策划的步骤。

学习任务 2　会展广告文案

任务概述

会展广告是会展宣传的重要方式,也是吸引目标观众的主要手段之一。会展广告文案写作要符合要求,做到主题鲜明、内容真实、形式活泼。

任务目标

- 掌握会展广告文案的内涵
- 了解广告媒体的种类
- 掌握会展广告文案的结构与写法
- 掌握会展广告文案写作的要求和基本原则

学习内容

一、会展广告的含义

会展广告是指围绕举办会展活动而进行的广告宣传活动,属于商业广告的一种。会展广告是会展宣传的重要方式,也是吸引目标观众的主要手段之一。会展广告的范围可能覆盖已知的和未知的所有目标观众,可以将展出情况传达到直接联络所遗漏的目标观众,还可以加强直接联络的效果。这是覆盖面最广同时也是最昂贵的会展宣传手段,因此对会展广告安排要严格控制。刊登广告要明确目标,根据需要、意图和实力安排,不要受竞争对手的影响,也不要完全听从广告公司的劝说。

会展广告预算决定广告规模,要根据需要和条件决定预算。如果经费充足,可以多在几家报刊上反复登载广告;如果经费有限,则可集中力量在少数影响大、效果好的报刊上做广告。不少人错误地认为花钱越多,广告效果就越好,实际上广告开支与效果不一定成正比。选择合适的媒体才是降低成本、提高效率的最好办法。

会展广告的时间也需要安排,在一般情况下,不要将广告集中在展览前几天,而应该在 3 至 4 个月前就开始并持续刊登,时间间隔要事先安排好。连续刊登广告有利于加深客户的印象。美国专业调查显示,比起未登广告的展出者,在展前连续登6次整版广告的展出者要多吸引50%的参观者,刊登12次整版广告的展出者要多吸引100%的参观者。广告不仅可以安排在展览会之前,还可以安排在展览期间和展览之后。展后的广告主要是为了在客户心中建立持久的印象,促进实际成交。

二、会展广告媒体的选择

选择会展广告媒体主要看媒体的对象。如果是消费性质的展出,可以选择大众传媒,包括大众报刊、电视、电台以及人流集中地的招贴、旗帜等;如果是专业性质的贸易展出,就要选择使用针对目标观众的专业媒体,如专业报刊、内部刊物、展览刊物等。

1. 大众媒体

大众媒体面向大多数人,覆盖面大,影响力是其他媒体所不能及的,当然费用也是最高的。如表5-1所示。

表5-1　　　　　　　　　　大众媒体及特点

媒体类型	特点
电视和电台	覆盖面最广,主体对象是消费者,适用于消费性质的展览宣传,费用高
网络	费用相对较低,覆盖面较广。弱点是网络信息太多,信息被覆盖的可能性较大
综合性报刊	费用较高,只适宜有实力的主办者和参展者

2. 专业刊物

专业刊物是指生产、流通领域的专业报纸杂志,它是贸易展出者做广告的主要选择。如表5-2所示。

表5-2　　　　　　　　　　专业刊物及特点

媒体类型	特点
专业报刊	瞄准特定的读者群体,如果与展出者的目标观众一致,就可以选择刊登广告,其效果比较好,费用比大众媒体低。如果交叉使用行业内的不同刊物刊登广告,可以加深客户的印象
内部刊物	即政府有关部门、贸易机构、行业协会等内部发行的报纸、杂志等,发行对象多是特定的专业读者,其优点是读者专、收费低、效果好;缺点是覆盖面不够理想
展览会专刊	有些报刊为展览会编印专刊,可以利用它做新闻宣传并刊登整版广告,专刊的读者对象是对展览会有兴趣的人士,广告收费一般低于正常版面,主要报刊的展览会专刊可信度较高,而对于地方报刊或者知名度不高的刊物展览会专刊要持慎重态度

3. 户外广告方式

户外广告成本相对较低,效果也不错。如表5-3所示。

表 5-3　　　　　　　　　　　户外广告方式及特点

广告方式	特点
海报	海报也称为招贴,比较适合面向大众的宣传和消费性的展出宣传,张贴海报要注意时间、地点以及管理规定,海报多为展览会组织者或大公司使用,从机场、车站等地沿途一直贴到展览会现场
广告牌	广告牌分为场内广告牌和场外广告牌两种类型。场外广告牌主要用于吸引激发参观者兴趣;场内广告牌是为了吸引观众参观展台。大的广告牌往往能够吸引观众的注意力和兴趣;多个小的广告牌则常常可引导观众走向展台
广告条幅	展馆建筑物上各式各样的广告条幅可以营造展览会现场的气氛,站台上的广告条幅或矗立在展台上的广告牌,能够吸引观众的注意力并引导其走向展台

4.其他的广告方式

如报刊广告的夹页,其优势为:夹页往往比正页更能吸引观众的注意力,且可以刊登丰富的信息和照片,印刷质量也容易控制,而印刷质量会给人留下印象。夹页广告上可以印有参观邀请函,参观者可以剪下使用。此外,还有户外移动横幅、彩球等。

三、会展广告文案的结构与写法

1.标题

标题是会展广告文案的眉目,放在最醒目的位置,在视觉上和内容上要能够引起人们的注意和兴趣。会展活动的名称是会展广告中关键性的信息,因而是标题的主要内容,并且要以显著的位置和强烈的视觉效果加以突出。名称一定要写全称或人们共同认知的简称,首次举办的会展活动不可使用简称。会展广告标题一般有以下几种表达方法:

(1)写实式标题。这类标题用会展活动的名称作为标题,如"第六届中国国际装备制造业博览会"。

(2)新闻式标题。这类标题在标题中提示展会开幕或即将开幕的新闻事实,如"第22届深圳国际家具展览会隆重开幕"。

(3)祝贺式标题。这类标题从第三人称的角度祝贺会展活动举行,如"绍兴金海湾大酒店热烈祝贺浙江第三届家私博览会隆重举行"。这类标题,既宣传了会展活动,又树立了祝贺单位的形象。

(4)夸耀式标题。这类标题在标题中运用夸耀的词语以显示展会的实力,如:"申城装潢巨头联合出击——2005上海第八届家庭设计装潢大型咨询展",标题中的"巨头"、"出击"等均属于夸耀性词语。

(5)比喻式标题。这种标题以某种事物或形象来比喻会展的某一特点,从而凸显会展的形象。如"百姓装潢时尚家具实景展示会——来百姓装潢 送半个厨房",标题中"半个厨房"比喻参加这次展示会的买家可以享受到相当于装修半个厨房价格的优惠,具有较强的诱惑力。

(6)修辞式标题。这类标题巧妙运用修辞手段制作标题。比如,将普通会展广告标题中的某个字或词组换成具有特殊含义的谐音字,使其读起来顺畅,看起来意义非凡。如"2007新居室惠展",其中的"惠"字,与"会"同音,但意义却不一样,体现了这次展会实惠多多的亮点。

2. 正文

标题制作利用名称吸引人,这只是完成了广告写作的第一步。要使会展广告能够使广大受众转变为参展者和观众,走进展馆,关键在于广告正文的写作。会展广告正文是标题的延伸和具体展开,应当载明会展的主要信息。以综合性会展广告为例,内容一般包括:

(1)主办者。写明主办单位的名称或规范化简称。联合主办的会展活动,要写明每个主办者名称。必要时还可简要介绍组委会、筹委会、执委会等各级组织管理机构的设置以及协办单位、支持单位、承办单位的名称,以显示组织阵容的强大。

(2)历届会展活动的成果。对历史较长的会展活动来说,这段历史本身也是优势性资源。简要而又恰到好处地介绍历届会展活动的成果,有助于增强参展对象的信心和决心。

(3)会展活动的内容和形式。包括会展活动的目的、宗旨、主题、议程、展品范围、各项配套活动的安排等。

(4)参加的对象。包括会议的规格、报告人的身份、参会参展的范围和条件。如由中国主办,由中国和东盟10国参加的"中国—东盟博览会"的广告中对参加对象做这样的表述:"欢迎东盟国家领导人、经济贸易部长届时出席博览会,并率领本国企业参展。"

(5)会展活动的规模。比如,展览面积、展位的数量、参会参展人数等。会展广告中载明活动的规模,可以显示一种气派,是主办者自信的表现。如:"中国—东盟博览会"的举办广告载明:"设置2 000个国际标准展位、200个非标准展位和2.6万平方米室外展场。到会各国专业客商约2万人。"当然,有些会议的举办住处也可限制规模,以此体现稳重、高雅、精英。

(6)会展的时间。包括报到时间、举办时间、会期和展期。

(7)会展的地点。应具体写明会展活动举办地的地名、路名、门牌号码、楼号、房间号码、场馆名称,必要时画出交通简图,标明地理方位及抵达的公交线路,以方便参展者和观众。

(8)费用和价格。会议活动要向与会者说明经费的承担部分以及支付方式。展览活动要列明展位价格、门票价格以及其他收费服务的项目。

(9)报名的方式和截止日期。会展活动如需要履行报名手续,应说明提交哪些文件、材料,报名时间和地点。

(10)其他专门事项。如:参加学术会议的论文撰写和提交的要求,展览活动的进馆布展和撤展要求,会展活动期间观光旅游活动的安排以及组织者认为必须说明的事项等。

(11)联络方式。如:主办单位或会议筹备机构的地址、邮编、银行账号、电话和传真号码、网址、联系人姓名等。

四、会展广告文案的写作要求

1. 主题要鲜明

无论是哪一种会展广告的写作,主题鲜明、突出是首要原则。要使主题鲜明、突出,主要应做到以下几点:一是要以广告目的为统帅。如果广告宣传目的是为了招展,就要强调历届展会的成果和本届展会的规模,使潜在的参展者认识到这次展会对他们来说是一次巨大的商机,从而付诸行动。二是要内容集中。在这一点上,会展广告与招展公告或参展说明书有着明显的区别。招展公告或参展说明书要求全面介绍会展活动的各项信息,包括具体的参展程序和规则,内容详尽;会展广告则突出宣传会展活动的特色和亮点,内容集中,给人以深刻的印象。有的会展品牌已经为人熟知,广告写作可以突出形象为主,有的甚至全篇仅为一个提示会展名称的标题和一句突出会展理念或主题的广告口号。例如"2010年上海世界博览会——城市,让生活更美好。"三是要有画龙点睛的广告语(口号)。例如,2005年上海书展的口号——"悦读周","悦读"一词很有新意,提倡一种读书快乐和快乐读书的新理念,使书展广告的主题得到了升华。

2. 内容要真实

会展广告的内容一定要真实,承诺一定要兑现,不能有半点虚假,更不能利用会展广告搞欺诈。否则,不仅危害广大与会者、参展者和观众的利益,也会累及设计、制作、发布这些广告的经营单位,而最终广告主本身也会名誉受损,甚至受到法律制裁。

3. 形式要活泼

会展广告的写作没有固定的模式,相反,在表现方法、结构安排和版式设计上讲求创新,做到构思新颖、图文并茂、不落俗套。

特别提示

广告的五要素

1. 真实

广告真实性首先应强调内容的真实,文案作为广告活动的代言人,所说的话真实与否,在很大程度上决定着受众是否能得到真实、准确的信息,能否产生符合真实状态的对应情绪,能否产生正确的消费意向,文案的真实是对受众最好的服务。广告文案是为产品而作并服务于产品的文字,要让消费者借助广告了解产品的功能、特点,也就是与推销的产品或提供的服务相一致,不可歪曲和夸大事实,误导消费者。如果为了功利的目的放弃对消费者的责任,不真实的广告文案便会充斥广告空间,为了一己的目的而误导消费者,是极不道德的。

2. 独创

创意,其实质是针对产品、市场、目标消费者以及市场难题、竞争对手而言的。根据广告策略,找寻一个说服目标消费者的理由,并根据这个理由用形象的语言通过视、听表现来影响目标消费者的情感与行为,使消费者从广告中认知该产品给他带来的利益,从而促成购买目的。所谓广告的独创性原则是指广告创意中不能因循守旧、墨守陈规,而要勇于、善于标新立异、独辟蹊径。独创性的广告创意具有最大强度的心理突破效果。与众不同的广告会触发人们热烈的兴趣,能够在受众脑海中留下深刻的印象,从而长久地被记忆。

3. 情感

人是最感性的动物,情感是人类永恒的话题,也是维系人与人之间关系的基础,如果广告能从精神层面出发,用真实情感去写,能够感动自己的文字,也一定可以打动其他人。亲情、爱情、友情等情感的融入,不仅是让广告和产品拥有了生命力,更重要的是它能让消费者从中找到自己过去、现在的影子,激起产品和消费者之间的共鸣,进而在情感上倾向于此品牌,那么,此类广告就成功地激起了消费者的心,由此建立起一个产品或品牌最重要的价值——顾客的信赖。

4. 优美

一篇好的文案不应只是空洞、乏味的文字与数字的组合,经典的广告语总是丰富内涵和优美语句的结合体,它要在完成文案的基本功能之上,充分展示意境魅力,尽可能给人以美的享受。意境魅力是指通过具有诗情画意的画面构成情景交融的优美境界,提供受众以想像空间,从感情上深深打动并征服受众。

5. 简洁

好的文案不仅应该能够反映足够的内容信息,能够引人深入探究内容,还需要短小精悍,琅琅上口,易于传播。现代社会生活节奏越来越快,人们的工作压力也越来越大,消费者看广告近乎浏览。因此,广告文案的写作应力求简约,用惜墨如金、一字千金来表示广告语对语言使用的苛求是毫不过分的,往往一句极妙的广告语,甚至寥寥几个字,就可在短暂的瞬间发出夺目的光彩。

五、广告文案写作的原则

1. 真实性原则

(1)广告文案直接与受众产生联系。人们通过文案认识企业、产品、服务,文案是否真实决定着受众是否得到真实准确的信息。

(2)广告文案写作的最终目的是说服和诱导消费者产生消费行为,文案创作与其他文章不同,具有功利性,但不能放弃道德责任。

(3)文案经媒体广泛传播,能产生双重效应,即经济效应和社会效应。如果文案虚假,会对消费者和社会环境产生不良后果,造成对不良生活方式的盲目追求,资源浪费。

(4)真实性是文案的生命力所在。目前,受众对广告持怀疑、不信任的态度,就是由于虚假广告造成的恶果。特别是一些保健品广告、药品广告、食品广告等。因此,信息的表述要准确到位。

广告中对商品的性能、产地、用途、质量、价格、生产者、有效期限、承诺必须清楚、明白,不能含糊其辞。在广告中表现商品购买后的礼物赠送,要标明品种、数量。在广告中使用有关数据、统计资料、调查结果、文摘、引用语等方式,作为质量保证,资料要真实准确,表明出处。不用模糊、易生歧义的语言。

(5)真实的广告信息采用虚构的艺术形式来表现。

2.原创性原则

原创性,又称独创性,是指前所未有、与众不同的首创。原创性与别人不一样,不等于事事、处处与别人抬杠。原创性的表现:

(1)表现手法上的独创,即形式上的独创。为使文案吸引人,有新奇感,成为品牌的标记,要在形式上体现原创。

(2)信息内容的独创。广告文案应找到独特的信息内容进行表现。如消费者利益点、产品附加价值、产品特点。

3.鲜明性原则

鲜明性原则指广告主题或诉求点简明、突出、单纯。在一则广告里,只说一件事,这样才能引人注意,这是关系广告成败的根本原则。

4.通俗性原则

通俗可以大大方便消费者的理解,节省沟通的成本。

(1)敢为平常语

广告语生活化、轻松,以消费者为导向,反映消费者的呼声,容易产生共鸣。如雀巢咖啡公司隆重向您推出驰名中外的雀巢咖啡。精选优良的咖啡豆焙烘而成,用一勺雀巢咖啡加热水、加糖,就即刻冲成一杯香浓美味的咖啡,提神醒脑,敬客自奉,至高享受——味道好极了!雀巢咖啡。如图5-1。

图5-1 雀巢咖啡广告文案

(2)厚积薄发

创作来源于生活,在深厚的生活经验的基础上,才能创作出质量上乘的广告作品。比如美菱口号:精确每一度新鲜每一处。美菱向您郑重承诺"新鲜服务美菱快一步"的新服务理念,理念以新鲜的服务内容和崭新的服务形象让您倍感新鲜美菱的无穷魅力。为此,我们以"更新、更快、更人性化"为服务宗旨,奉献给您的将是一次次优质、快捷、专业的满意服务。

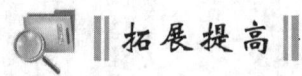

曾被誉为中国十大经典广告的策划案例

1. 战"痘"的青春——《益生堂》中国十大策划案例奖

《益生堂》案例2000年在首届中国企业著名策划案评选活动荣获"中国十大策划案"。

益生堂三蛇胆胶囊为除痘保健品。它在1997年保健品市场泛滥、普遍销售低潮的环境下脱颖而出，成为华南市场保健品的新星，年销售额近亿元。

这是一个小预算、大手笔的经典策划案例。其成功之处在于完整地运用了整合营销策略，通过市场调查，开始以准确的市场定位推出了广告"战痘的青春"系列，结合巧妙的"投料曝光"、"投保1 000万元"公关活动，迅速崛起。其完善的销售管理工程的导入亦为其长久发展奠定了基础。益生堂三蛇胆的广告、公关、促销创意及表现影响深远，仿效者众。

"每粒胶囊必含一粒蛇胆"、"1 000万投保产品质量险"及"慰问交警、升国旗"等系列新闻营销的运用，更是石破天惊，在传媒界产生轰动，为保健品市场营销的新发展拓展了空间。

2. "肠"治久安——金双歧

《金双歧》荣获2000年中国策划艺术博览会银奖。

金双歧是肠道药，一种新型的微生态制剂，国家一类新药，属处方药。其最大的障碍表现在处方药在otc市场的推广拉力不够，产品营销的问题点在于药品的疗程较长、包装一般等。

此案例的成功之处在于以"安全"为切入点的营销策略。2000年5月，由深圳卫生局主办、深圳商报社协办、万泽医药公司贯彻执行的深圳市安全用药科普调查活动，将金双歧的硬广告与用药科普调查宣传有机结合，利用整合传播优势，借助公关事件，赢得了广泛的、持续的报道，系列广告《忠告》与五封信，使产品与消费者、营业员充分沟通，良性互动，在短短的时间里，金双歧在深圳引起极大的影响，知名度大大提升；加上客户的执行力特强（该客户荣获采纳2000年优秀客户奖），此产品在销量滑坡情形下扭转态势，销量持续上升。

3. 30天提高记忆商数18.52——脑灵通

脑灵通为广州轻工研究所研发的健脑保健品，对它的策划成功之处在于大胆走出常规的健脑益智产品的做法，走细分市场之路，避开当时强劲的对手（脑轻松），集中火力攻打考生市场，与对手打贴身战，巧妙地夺取了市场份额。

此整体策划分三个阶段在考生中进行推广：首先以"30天提高记忆商数18.52"为利益承诺点，并借此推出"脑灵通成龙工程"，一举打响脑灵通的知名度。其次，加强产品与考生、考生家长之间的沟通，使产品具有亲和性，使消费者与购买者对产品产生好感。最后，以证言式、新闻式广告出击，给考生信心，为考生加油！

不到3个月，脑灵通从一个新品牌快速成长为市场的竞争品牌，一段时间内使脑灵通成为广州、深圳两地指名购买率最高的健脑产品,销售回款(深圳、广州)倍增。

4. 家庭健康一把手——阿净嫂

此前的品牌为"永鲜"和"××宝"等,品牌特性易被混淆和模仿。产品为冰箱灭菌除臭剂、衣物防蛀、防霉剂等系列家庭用品。当时,此类产品普遍属低档品、关心度低,我们接手后,将其品牌命名为"阿净嫂",并塑造了一个温柔、聪慧、能干、热爱家庭的女性形象,人格化的诉求,使之成为中国女性心目中的理想化身;同时也巧妙借用了"阿庆嫂"这一戏剧女主角在广大消费者中的高知名度和美誉度,将产品属性与能干、麻利、活泼、亲切、机智等概念紧密结合在一起。

本案例最大的成功在于品牌形象策略的塑造,一个极富亲和力的品牌形象,使消费者与产品有良好有效的沟通,成功成为拓展家庭用品市场的金钥匙。

另外,"阿净嫂诚聘健康大嫂"与下岗女工联系起来,以公关活动为中心的事件营销,引起传媒关注,短期内使产品知名度大增,大嫂的现场促销更是效果斐然。在半年内该品牌成功成为区域市场上的领导性品牌。

5. 在伊美堂,女人比樱花更美——伊美堂

1998 年,我们帮助一位客户推出了运用日本汉方技术生产中药消斑面膜,专治脸上雀斑、黑点,它就是伊美堂消斑面膜。

本案例成功在于,我们为产品创意了"伊美堂"这一浓郁的东洋气息的名称,辅以着和服的女性形象,并以其侧剪影为商标,贯穿所有平面设计、终端宣传品、电波广告,配合有力的公关、广告、促销活动,运用 ars 战术,连续出击,形成强劲的整合传播力。使伊美堂中药面膜销量猛增,树立起深圳中药消斑面膜品牌形象。后市场上中药面膜趋之若鹜,纷纷效仿。

6. 热爱生命尊重生命善待生命——华西附三院

此案例曾在成都市及各地均引起积极的社会效应和广泛的社会影响。1998 年,各大医院面临医疗体制改革,使医院开始面对激烈的市场竞争。采纳公司在华西附三院成立之际,根据附三院最新医学模式,导入了先进的营销管理,集临床诊疗,预防保健,医学管理和健康文化传播为一体的现代化医院来实现效益。

我们以推行华西健康保健网络会员制为基础,全面在医院导入企业理念、销售系统、公关系统、策划系统、vi 系统,培训系统,并对医院人事、办公等规章制度进行整合,全面提升附三院的形象和实力,使消费者对附三院人性化服务、医疗服务等有一个全新的、感性的认识,树立了良好的医院风范形象。附三院改变了"以医生为中心"的医疗体制,导入了"以病人为中心"的系统,以"热爱生命、尊重生命、善待生命"为其理念,完全实现了医院医疗服务一体化的模式,被称为中国 21 世纪医院代表。

7. 没有规矩不成方圆——香港德信行圣马可(皮具)专卖店连锁店手册

这是采纳为香港德信行在珠海建圣马可(皮具)提供的一套比较完整的连锁店管理手册。我们根据商业管理的一般原则,分组织结构、岗位职责、员工聘用、员工培训、综合管理、经营管理、店员的规范管理、商品管理等十二章对如何管理日常店务,考核检查工作绩效等作了条理性的叙述与说明,为专卖店管理者提供基础管理工作的系统蓝本。这是

采纳公司五年来提供的最为系统、专业、完整、详细的专卖营销手册。此手册历时一年左右才全部完成,内容详尽,涉及范围广泛,可称为中国连锁管理的典范之作。

8. 准确学外语轻松又容易——智能达

复读机产品品牌林立,竞争对手比比皆是,智能达列为第三梯队。如何突破高科技电子产品的宣传难点从而脱颖而出?本案例成功在于,解决了复读机在市场上的最大障碍——准确又动人的传播点问题。大多数复读机从复读的时长、音质、频响等特点来诉求。智能达首家提出:复读机质量的好坏关键在于"内芯";提出"智能机芯"的概念并树立"智能机芯"的标准,贯穿整个推广过程中。还塑造了一个专业的可亲的徐老师的形象。以专业的徐老师的形象为载体,以"智能机芯"为利益诉求点,将认知、形象、功能、消费者等有机整合起来。产品推出后,智能达公司一下子脱销3个多月。

9. 来自丰田公司的微笑——丰田5s服务概念店

这是一份成功的为获得日本丰田公司经销权的商业计划书。汽车专卖市场一直比较混乱,此商业计划书首家提出了中国第一个完整的5s丰田服务概念店。为经营进出口汽车数年的公司提出了前瞻性的服务新概念。

它集整车销售、零配件供应、维修保养、二手车交易、系统信息反馈于一体,不纯粹从简单的服务上入手,更从人性化、文化价值上深入,立志将深圳丰田5s服务概念店办成丰田汽车在中国以服务为战略的样板店。这种高瞻远瞩的服务概念和市场观念受到日本丰田公司和客户的高度评价。

10. 广告策划致胜关键——天健地产天健花园

因其报纸广告,别出心裁,收录于1999~2000年《iai中国广告年鉴》中。本案例成功在于房地产广告策划中很好地把握住了品牌与销售的关系,既树立了品牌又达成了销量。以"天健花园——居住文化的代表作"作为整合主题,从多角度、多方位来广告诉求,分阶段、分步骤实施。

首先,广告诉求天健花园,处处好风光,不从卖房子本身着手诉求,而是以推广发展商的建筑理念为重点,以发展商的眼光与建筑理念为诉求点,让消费者信任发展商来带动房子销售。

其次,与竞争楼盘展开对比性诉求,《名画篇》(你为什么不能拥有这些名画)、《名车篇》(难道天健花园在举行国际名车展)、《名酒篇》(选择天健花园来犒赏自己)等等,使消费者对天健有更深刻的认识。

再次,从买房人的烦恼讲起,引申到天健花园注重整体规划,整套广告一环连一环,不仅使许多观望的人采取行动,更达到全面树立天健地产的品牌形象,给人留下了至深的印象,天健花园持续热销,比例高达九成。

 思考练习

一、填空题

1. _____是覆盖面最广同时也是最昂贵的会展宣传手段。

2. 专业媒体一般包括_____、_____和_____。

3. 广告文案是已经定稿的广告作品的全部的_____。
4. 广告内容_____、清楚、_____、通俗是广告成功的关键。

二、简答题

1. 简述广告媒体的分类与区别有哪些。
2. 简述会展广告文案的主要结构。
3. 简述会展广告文案的写作要求。

学习任务3 展会通讯

任务概述

展会通讯是将展会筹备、进展等信息及时、准确地传递给参展商和观众的重要手段，内容实用、丰富，是展会运作阶段不可缺少的一种宣传资料。

任务目标

- 了解展会通讯的含义
- 了解展会通讯的作用
- 掌握展会通讯的内容和写作要求

学习内容

一、展会通讯的含义

在展会的筹备阶段，展会的目标参展商和目标观众往往很想了解展会的筹备进展情况如何。例如，展会的目标参展商希望了解展会将会邀请什么样的专业观众到会参观；展会的目标观众则希望知道有哪些企业带着什么样的产品来参展，国外的客户希望知道当地的市场状况。他们对这些信息的了解程度，将在很大程度上影响到他们做出是否参展或参观的最终决定。如果上述信息不能及时传递到他们手中，展会可能因此而失去大批客户。如何才能将上述信息及时准确地传递到上述客户手中呢？制作展会通讯是解决这一问题的常用手段。

展会通讯是办展机构根据展会的实际需要编写的、用来向展会的目标客户通报展会有关情况的一种宣传资料，它常常是一本小册子，或者是一份小小的报纸。展会通讯编印出来以后，办展机构就以直接邮寄的方式及时地将它邮寄给其目标客户（即展会的目标参展商和目标观众），或者通过电子邮件发送给其目标客户，并在展会的专门网站上发布。

二、展会通讯的作用

办展机构之所以要及时编制和向目标客户直接邮寄展会通讯，是因为展会通讯有以下五个方面的重要作用：

1. 它可以及时准确地向展会的目标客户传递展会的有关信息，与目标客户保持经常的联络和信息沟通。

2. 它可以扩大展会宣传推广的范围和渠道，建立展会的良好形象。展会通讯一般是通过直接邮寄向目标客户发送，针对性非常强，效率很高，宣传效果明显。

3. 它可以促进展会招展。展会通讯里有关当地市场和展会招商内容的通报，往往能对促进企业参展产生积极的作用，面对已经参展的行业知名企业的通报则能对其他企业参展产生积极的示范作用。

4. 它可以促进展会招商。通过展会通讯，及时地告诉展会的目标观众有哪些企业已经参展，展会将展示哪些产品，有哪些新产品将在展会上首次亮相，这对吸引观众到会参观有较大的帮助。

5. 它可以为展会目标客户提供良好的信息服务。展会通讯的内容往往不仅仅只包括展会的有关情况，它常常还包括展会展览题材所在行业的国内外市场信息和行业动态。

三、展会通讯的内容

展会通讯要切实起到上述作用，就必须包含较为实用和丰富的内容，否则，展会通讯将只限于形式，不会受到展会目标客户的欢迎，也起不到其应有的作用。

一般来说，展会通讯的内容主要包括：

1. 展会的基本内容。包括展会的名称、举办时间和地点、办展机构、展会的 LOGO、本展会的特点和优势等。如果展会已经举办过几届，则本部分的内容有时候还包括上届展会的总结和展览现场的有关图片。

2. 展会展览题材所在行业的市场信息和行业动态。不仅包括国内外同类展会的情况，更应包括本展会展览题材所在行业的国内外市场状况、行业动态和发展趋势等。

3. 展会招展情况通报。除了通报所有参展企业名单等，一般还会将一些行业知名企业的参展情况重点通报。

4. 展会招商情况通报。包括招商的渠道、招商宣传推广、招商措施和招商效果等。

5. 展会宣传推广情况通报。包括各种宣传推广渠道、办法和时间安排，用以增强客户参展和观众参观的信心。

6. 展会期间举办的相关活动情况的通报。它告诉目标客户展会期间将举办一些什么样的相关活动，如专业研讨会、产品发布会等，以方便客户提前安排时间，做好参与该活动的计划与准备。

7. 参展（参观）回执表。包括参展（参观）申请人的单位名称、地址、联系人、联系办法、参展（或感兴趣的）产品介绍、办展机构的联系办法和联系人等。

参展（参观）回执表的目的在于方便客户及时反馈其参展（参观）的信息。

展会通讯一般是分期编印，但并不是每一期的展会通讯都必须包含上述内容。根据展会进展的实际需要，展会通讯的编印具有一定的阶段性。例如，在展会筹备的初期，展会通讯的主要作用在于向目标客户传递展会信息,扩大宣传,促进展会招展,因此,展会通讯的内容也要偏重于能促进展会招展的有关信息;在展会筹备的中后期,除了继续促进展会招展以外,展会通讯的主要作用在于与目标客户保持经常的联络和信息沟通,提供信息服务,促进展会招商,因此,展会通讯的内容也就要偏重于能促进展会招商的有关信息;在展会已经成功举办并开始筹办下一届展会时,展会通讯里就必须含有对上一届展会进行总结的内容。因此,展会通讯的内容不是一成不变的,它是随着展会筹备进展的需要而不断调整的。

四、展会通讯的写作要求

展会通讯通过直接邮寄发送到目标客户并对他们的参展(参观)决策产生影响,为此,必须要促使客户在拿到展会通讯时愿意看、能够看,否则,展会通讯即使是邮寄到客户手中,客户也会将它当作垃圾宣传物一样扔掉,这样,展会通讯就起不到任何作用。因此,在编印展会通讯时,应遵循以下写作要求:

1. 使展会通讯具有知识性、时尚性和趣味性。展会通信的内容切记死板,对于各种信息的提供不要像记流水账,让人读起来索然无味。展会通讯要富有趣味性,让人读起来不会味同嚼蜡。尽管展会通讯是为展会服务的,但展会通讯的内容不能只局限在有关展会的信息上,还必须及时传递相关行业的动态和市场方面的信息,使客户在接受行业动态和市场信息时了解展会。

2. 外观美观大方。展会通讯的制作要符合展会的定位和档次,外观看起来要赏心悦目、美观大方,整体版式设计要便于邮寄,文字字体和编排要便于阅读。

3. 内容短小精悍,信息真实可靠。展会通讯里的各种文章不易冗长,内容要简洁流畅,短小精悍,所传递的各种信息要经得起推敲,要做到真实可靠。

在国外,很多展会都编印展会通讯。而目前国内办展机构在筹办展会时,编印展会通讯的还不太多,很多办展机构还没有充分认识到展会通讯的重要作用。其实,编印展会通讯的成本并不高,尤其在如今电子商务如此发达的时代,如果通过网站或电子邮件发送展会通讯,编印展会通讯的成本将更低。在实际操作中,展会通讯不仅是展会直接营销的有力武器,也是扩大展会宣传推广、促进展会招展和招商的重要手段。作用大、成本低、效果明显,真可谓一举多得。

 拓展提高

新闻写作要义

一、新闻写作要义

1. 真实(新闻必须是真实发生的事情,不真就不是新闻了,是故事)

2. 及时(新闻要新,做到迅速、明了,才能达到"有效宣传"的目的)

二、要素

何时、何地、何故、何事、何人、如何(5W+H)。

三、结构

1. 标题

标题是新闻的眼睛,标题最好能抓住事情的核心,吸引读者。比如:

《放歌青春,激情绽放》——《传播学院举行2011"十佳歌手"决赛》
《我校在"青春使命"江西省第七届大学生艺术展演活动中屡获佳绩》
《麻丘小学,爱心之旅》——《生科学院党员关爱麻丘儿童》
《当焦点访谈遭遇微博》——《央视著名主持人敬一丹来我校讲学》
《习习中国风》——《师大学子感受方文山的中国风》
《传播学院"爱行者"实践队走进瑞金原始森林》
《"大学生见习村长服务团"建设"农村文化墙"》
《校领导赴资溪指导社会实践工作》《校团委副书记莅临五大组织招新笔试现场》
《2011级新生军训总结汇报大会暨开学典礼隆重举行》

2. 首段

交代清楚事情的概要,也就是几大要素,"开门见山"。

例:10月25日晚,传播学院"十佳歌手"大赛决赛在大学生活动中心三楼多功能报告厅举行,评委由我省电信赞助商和音乐学院专业老师担任,该院党委副书记许婕也作为受邀嘉宾出席。

3. 主体(主干)

展开事实,描述事情的发展过程。

(1) 先写主要,再写次要,然后再考虑时间顺序。例:大会分为两个阶段。大会第一阶段,新生军训总结汇报。升国旗仪式结束后,军训领导小组副组长蒋文可进行了阅兵,军训领导小组组长、副校长张艳国作军训总结讲话。大会第二阶段,举行开学典礼。会上,校长梅国平发表重要讲话。梅国平首先……他还……(时间顺序),此外,2011级新生还在军训领导小组副组长蒋文可的指导下进行了阅兵……(时间顺序)

(2) 忌语言空洞,没有内容。例:(党员服务日咨询活动)下午,咨询活动正式开始。各学院咨询台前都有新生前来咨询。生命科学学院咨询台前也聚满了来自不同学院的同学,他们热切咨询关于冬天饮食保养的各种问题,党员服务站的负责人耐心为他们解答。一小时过去,咨询活动依然如火如荼进行着。

两方面写:活动的组织者(活动准备和内容以及针对的活动群体);活动的参与者(采访:怎么看这样的活动,有没有意义,有什么意义,你从该活动中获得什么);关注活动的细节,选取特色进行报道(三下乡义务辅导班,通过孩子的话来反映活动成果。)

(3) 忌过于具体,面面俱到。有取有舍,才能有舍有得。如,传播学院"十佳歌手"大赛决赛,11级××的《你的眼神》……10级××的原创歌曲……11级××的……,不要从第一个写到最后一个,个个点到,要选特色曲目,写出它带给观众的视听感受,选几个就够了。再如,元旦晚会,更不要所有节目写一遍,可以每种类型选一两个来写,唱歌一个,跳舞一个,话剧一个,双簧一个,乐器表演一个,走秀一个,等等,要会选。

(4) 一段表达一个意思。内容不多,可以用一段叙述完。内容较多,分段表述,逻辑清晰。(第一段:校长梅国平发表重要讲话……第二段:教师代表发言、老生代表发言、11级新生代表发言……第三段:阅兵情况、副校长张艳国发言……)

4.结尾

(1)可以交代活动背景,即起因。如,今年正值中国共产党建党九十周年,该活动为……系列子活动之一,或者,该活动为××公司与我校××单位联合举办,旨在……等等。

(2)活动的意义和价值。如,本次活动不但帮助新生解决了……问题,还有利于树立大学生的主人翁意识,对和谐校园的建设也具有积极作用。烘托主题,体现该新闻的重要性。

(3)通过采访,……(根据采纳内容而定)。如,活动的主体:××说,真心希望广大同学能通过本次活动的开展,认识到……从而……,这也是本次活动的意义所在。活动的受体:一位同学说,引用原话"这个活动使我们真切地感受到了……为我们带来了……希望这样的活动能多多举办,等等。

(4)忌发表个人观点(如,关于这种现象,笔者认为……)

新闻稿,不是个人的观后感或者随笔,保持客观性。它是以事实解释事实,以客观解释客观,来达到表达效果的。

四、细节

1.语言

(1)简洁明了、准确、规范(忌重复、啰嗦、口语)。

(2)注意换词。

(3)不要用过于生僻的字眼或词语。新闻重在通俗,每个人都能看懂。如果用过于生僻的字眼,文学色彩就会偏浓。例:植物生长茂盛,就用茂盛,不要用葳蕤。

(4)使用较为中性的词语,不宜过褒或者过贬,带有过多的感情色彩,尽量保持客观陈述。

2.领导的职务、姓名、排序和省略。

(1)大型活动会有很多领导出席,要弄清楚领导的身份,新闻稿件中关于领导的职务和姓名千万不可出错。

(2)排序:按职位高低来。

(3)领导不必面面俱到。

(4)针对不同的人用不同的词。如:一个活动,学生去了,叫参加;领导去了,叫出席。一般人去了可以用"到场",大人物去了才可以用"莅临"。

(5)对于学生组织的学生领导者,避免用过于官僚化的词语。如:"学生会主席××指出……"学生组织是为学生服务的,学干更是为学生服务的,要树立平等意识。对于学生组织,我们一般用"负责人"这个词代替"主席"。而××"指出",这个词一般也是领导用的,所以学生负责人可以其他词代替,××说,××提倡,等等。

五、格式

电子稿,Word添加附件的形式。

标题三号黑体,不加粗,居中。正文宋体小四。左对齐,首行缩进2字符、段前段后0.5,行距固定值20磅。

六、如何提高新闻写作水平

1. 增强对新闻的敏感度

(1) 政治洞察力是新闻敏感度的基础。

(2) 判断某件事在整个事件中的地位和重要性的能力。

(3) 联系社会发展的大背景。

2. 善于总结经验(没有总结是不会有进步的)

多写是不够的,还要多看,多想。

凝练你的语言,朝着准确、明了、简洁、朴实、清新、活泼迈进,让它为你服务,当然这个结果是需要你在迈进的过程中不断努力和自我完善的。

思考练习

一、填空题

1. _____是办展机构根据展会的实际需要编写的、用来向展会的目标客户通报展会有关情况的一种宣传资料。

2. 在展会通讯的写作要求中,展会通讯应具有_____、_____和_____。

3. 展会招商情况通报主要包括_____、_____、_____和招商效果等。

4. 展会通讯的主要作用在于与_____保持经常的联络和信息沟通,提供信息服务,促进展会招商。

5. 展会通讯编印出来以后,办展机构就以_____的方式及时地将它邮寄给其目标客户,或者通过_____发送给其目标客户,并在展会的专门网站上发布。

二、简答题

1. 简述展会通讯的含义。

2. 简述展会通讯的作用。

3. 展会通讯的主要内容和写作要求。

学习任务 4 会展记录

任务概述

会展记录是在会展活动过程中使用的文书,分为会议记录和展览纪录两种,对于会展活动相关信息的收集和保存具有重要的作用,是进行会展管理的有效方法。

任务目标

- 理解会议记录的含义和作用
- 掌握会议记录的格式、内容和分类

学习内容

一、会议记录

1. 会议记录的含义和作用

会议记录是由会议组织者指定专人,如实、准确地记录会议的组织情况、会议进程和会议内容的一种原始性文书。会议记录一般用于比较重要的会议或正式的会议,它要求真实、全面地反映会议的本来面貌。会议记录的作用体现在以下几个方面:

(1)立卷归档,以供参考、研究或编写材料,为日后考察、研究会议提供第一手材料。

(2)在一些法定性会议中,会议记录经发言人和会议领导人确认签字后,具有法律效力。

(3)便于会议组织者及时、全面地了解和掌握会议的进展情况和动向,督促会议各项决议事项的执行情况。

(4)为形成决定、决议、会议纪要等最后文件打好基础。

(5)经会议领导和发言者同意,可以根据记录的内容,起草、修改有关文件,散发会议记录整理稿,以便传达和学习会议精神,或撰写会议简报和会议新闻。

2. 会议记录的种类

按记录的方法来分,可分为:

(1)详细记录。重要会议应当采用详细记录,尽可能做到有言必录,以记载会议的全过程。详细记录要求记录人员掌握熟练的速记技能,运用速记方法进行记录。必要时可以由多人同时记录,会后共同核对整理,将速记符号转换成文字。整理稿必须经每个记录人签字。经同意,也可使用录音的办法,然后根据录音整理成记录稿。

(2)摘要记录。摘要记录适用于一般性的会议。摘要记录与详细记录的区别仅在于记录发言时只需记录发言人姓名、发言的要点,而不必有言必录。摘要记录可直接用规范的文字进行记录,使会议记录一次性成文,经领导人审核或经发言者确认后直接归卷,省去了会后整理的工作程序。摘要记录要做到"取其精华",努力保持发言者的发言风格。

(3)简易记录。简易记录只要求记载会议的概况、会议的议题和结果,不必记录发言的内容和经过。简易记录由于不能较全面反映会议的过程,考察研究利用的价值较低,故仅限于较为简单的事务性会议。

3. 会议记录的格式和内容

(1)标题。会议记录的标题有以下两种:

专用性标题。专用性标题由会议名称和记录组成,如"××公司2007年度销售工作会议记录"。大中型会议往往有主席团会议、代表团团长会议、分组讨论或审议会等,可使用格式统一的记录用纸,标题格式为"××学会第×届代表大会第×次全体(或主席团)

161

会议记录"。

通用性标题。通用性标题适用于一个单位内的所有会议,由单位名称和会议记录组成,如"×××会展公司会议记录"。会议名称则写在首部的表格中。

(2)首部。会议记录的首部任务是反映会议的基本情况,一般要求采用表格的形式,以便使每个项目清楚明了。具体项目包括:

会议名称。会议名称一定要写全称,以便于后人查考。如果标题中已有会议名称,这里的名称可省略。

会议时间。包括开始时间、结束时间和中间休会时间。时间要具体到时、分。

会议地点。应具体到会场名称或房间号码。

会议主席。即会议的召集人和主持人,要写明姓名和职务。联席会议、多边会议还应当写明主持人所在的单位名称。

参加人员。包括出席人、列席人、旁听人,不同性质的与会者要分类记录,并写明姓名、单位、职务。

缺席人员。法定性会议的记录应当反映缺席情况,这样既可以让组织者了解缺席情况,便于事后补会,也可以清楚地反映会议应该出席的范围,这对日后查考和研究会议十分重要。

(3)主体。主体部分的任务是记载会议的进程和内容,具体包括:

会议的议程和议题。议题的记录要完整。如果是讨论或审议某一项文件,应写明文件的完整标题。以口头方式提出的临时提议,可以作为发言来记录。

发言情况。发言情况是会议记录的重点,包括发言人姓名和发言内容两部分。发言人的姓名要求记录全名,发言内容可根据记录的要求确定详略程度。详细记录要求有言必录,并记录插话、争论、表态等情况。摘要记录只记其发言要点即可。

会议结果。包括对议题的通过、缓议、撤销、否决情况。如果经表决通过或否决了某个议题,要记录表决对象的名称、表决的方式(如口头表决、举手表决、投票表决、表决器表决等)、表决的结果(同意、反对、弃权的统计数字)。如实行多轮投票,每轮投票的情况都要记录在案。

会场情况。即会议期间会场内所发生的与会议进程有关并且具有记录价值的情况,如与会者的掌声、笑声、迟到、早退、中途退场以及其他影响会议进程的情况。记录会场情况可以更加全面地反映会议的气氛以及与会者的情绪和态度。

(4)尾部。尾部的任务是记载署名的情况。署名是对记录的真实性郑重负责的体现。以下4种人需要署名:

记录人。会议记录人必须在会议记录上签字,以示负责,同时也便于日后与其核实情况。

审核人。重要的会议记录应由会议主要领导人对其进行审核,确认无误后签字。审核人对记录的真实性负领导责任。

发言人。论证会、鉴定会、听证会以及国际性组织的重要会议,与会者的发言常常是决策、定案的重要依据,因此可以要求发言人会后对记录进行核对并签字。

法定的签字人员。如:《中华人民共和国公司法》明确规定,各类公司的股东会、董事会应当对所议事项的决定做成会议记录,出席会议的股东、董事应当在会议记录上签名。

署名一般应置于会议记录的尾部。用于表示记录完整性,同时也避免有人在正文部分私加文字。如将记录人、审核人置于首部,必须在结尾处写明"会议结束"的字样。如需发言人签署,应当置于尾部。

4.会议记录的要求

(1)准备充分。具体包括:

事先了解会议的目的、议题、程序、方式和手段,对一些专业性较强的会议,还应当事先阅读会议文件,掌握有关的专业知识,熟悉主要的专业术语,确保记录时得心应手。

会前熟悉与会人员的姓名、职务、相貌特征、口音特点、说话习惯,以提高记录的准确性。

备好必需物品。一是备好纸和笔。会议记录用纸应尽可能统一印制,格式规范。记录所用的笔墨应当符合归档的要求。如有分组会议,要事先将记录纸和笔分发到组。二是备好必要的器材。如果会议允许作录音记录,要事先安装并调试好录音设备,确保录音质量。采用摄像机记录的,要事先选好机位和角度,配好灯光。用计算机记录的,要准备好电脑及电脑桌椅,接好电源。

(2)客观真实,全面准确。客观真实、全面准确是会议记录最基本的要求,具体要做到以下要求:记录时注意力高度集中,全神贯注,认真听取每个人的发言;仔细观察发言者的表情、手势和口型,做到反应迅速,判断准确,以提高记录的全面性和准确性;会议结束后要及时核对,有的会议记录还应当请发言者本人进行核对和确认。

(3)清楚规范。会议记录是立卷归档的重要材料,一般都列为永久保存,因此一定要用钢笔或毛笔记录。录音记录、速记和多人同时记录,会后要整理、誊清,并签字,以示负责。整理后的记录稿,要做到字迹清晰、文字规范、语法正确。

例文

×××有限公司办公室会议记录

时间:20××年×月××日星期×

会议地点:×××　　　会议主持人:×××　　　会议记录人:××

出席人:公司各部门人员　　　缺席:×人

会议内容:

公司召开了业务会议,为了公司的良好发展,提出了以下内容。

×××经理提出:

1.关于公司人员的重新分配,从今天开始,×××着重投入于网络的优化,做好网页的宣传,而新入职的办公室助理则接手×××之前担任的行政工作内容,其他人继续做好自己的岗位。

2.严格管理业务部,业务是最重要的模块,要加大力度抓紧和投入。

3.严格执行考勤制度,一个月内迟到两次要相应的扣除工资,遵守打卡制度,如有特殊情况,须提前通知请假,请假的员工需在次日到梁经理处补名。

4. 有关座位的重新编排,把业务部的人员规划在一起,让公司有一个严谨、规范的形象。

5. 最后,规范一个专门对外接受咨询的qq,每天专门由×××一人负责登录,然后分派给业务员,到月末进行统计网上咨询了解公司产品和信息的客户人数。这样有利于决定加大还是保持公司的投入力度。

总经理××提出:

1. 加强生产、销售,销售是重点,需要用心做,另外还提议员工多走车间,这样可从中更好地了解产品的参数和构造。

2. 对商品的投放力度要加大,努力完善网站的优化。

3. 尤其外贸部这一模块,需对其进行更详细的细化、整理。最后,×××总结出做业务最重要的是快和专业。

×××提出:

1. 由于下班时候办公室没有业务员的情况下仍然有电话打进,×××建议将电话转接到业务员的手机,能够及时接到电话。

2. 办公室的仪容要靠大家一起整理,细至每一个人的座位,大至公司的财产保护,尽力改善公司的形象,让别人看到公司的规范。

最后,×××总结了今天的会议内容,每一个员工都需要用心投入,付出与收获是成正比的,公司的发展离不开每一位员工的努力。

二、展览记录

1. 展览记录的含义和作用

展览记录是展览举办期间用以记载接待和现场情况的原始性文件,所起的作用主要是:

(1)便于组织者及时掌握展览会的现场情况,一旦发现问题,立即采取有效措施加以解决。

(2)收集和登记客户信息,便于日后进一步联系洽谈。

2. 展览记录的种类

按记录的主体来分,可分为:

(1)场馆值班记录。即在展览会举办期间,由主办单位派专门人员对参展单位或参观者的投诉、意见、要求和建议,以及现场出现的突发性事件和处理情况的记录。

(2)展台接待记录。即在展览期间,由参展单位的展台工作人员对参观者接待情况的记录,相当于一个调查记录。当然,这种记录有时很难收集,因为参观者本身未必对本公司的情况都十分了解。此外,询问过细,也可能会引起对方的不快。因此,能记多少则记多少,对确有必要记录的参观者,也可在后续工作中进一步收集。

3. 展览记录的格式和内容

(1)标题。标题由展览名称、记录的种类和"记录"组成,如《2014年大连国际办公设备暨文化用品展览会展台接待记录》(见表5-4)、《第七届上海国际工业博览会值班记录》(见表5-5)。如果标题中省略展览名称,则必须在正文中加以记录。

表5-4　　　　2014年大连国际办公设备暨文化用品展览会展台接待记录

2014年×月×日　　　接待人:

姓名	职务	单位名称	联系方式	行业类别	产品名称	经营范围	经营性质	公司规模	参会情况	成交意向	备注

表5-5　　　　第七届上海国际工业博览会值班记录

班次:上午( )　　　中午( )　　　下午( )

日　期	年　月　日	时　间	时　分
交接人		接班人	
值班情况			
未处理事项			
跟进处理情况			

(2)正文。展览记录的正文都采用表格形式。场馆值班记录应当设有值班人员姓名、值班时间、值班地点、值班电话、记录事项等项目。展台接待记录应当包括展览会名称、记录日期、记录人姓名、参观者姓名、职位、单位名称、联系方式、行业类别、产品名称、经营范围、经营性质、公司规模、参会情况、成交意向等。具体内容可根据调查收集的要求制订。

拓展提高

记录填写要求

1. 记录必须字迹清晰工整、及时、详细、完整,内容真实、准确;岗位操作人员须按操作顺序填写,不得提前或拖后。

2. 文字、数字书写要标准,要求不出格,一般占表格1/2到2/3的范围,并略偏于格子下方。

3. 记录除需复写者用圆珠笔填写外,其他一律用钢笔、签字笔、碳素笔填写,且一律用碳素墨水填写,笔画应粗细均匀。

4. 记录填写应完整,不得有空缺,如无内容填写,须用"/"表示("备注"除外)。

5. 内容与上项相同时,应重复抄写,不得用"‥"或"同上"表示。

6. 记录不得任意涂改,如确定需要更改时应用"\"划去原内容,在旁边填写正确内容并签名或加盖个人印章,并使原数据仍可辨认,切不可用刀刮、修改液涂改、橡皮擦或有重笔描写。

7. 单页记录不允许更改超过三次,若需要更改第四次时应重新填写。重新填写时,应在原填写记录醒目位置标注"作废"字样。

8. 记录编码及使用的起止日期由使用单位手写于封首右上角位置,起止日期用阿拉伯数字填写,起始日期与终止日期之间用"至"连接。如 2009.03.01 至 2009.05.31。

9. 记录内部用三位阿拉伯数字在编号处填写,如 001、002、003 等。更换新记录填写时,记录编号应接上之前记录的编号。记录编号应每年 12 月 31 日截止一次,次年 01 月 01 日重新从 001 开始编号。

10. 日期一律按年、月、日顺序横写,年份必须按四位数填写,不能简写,如:2001 年 5 月 7 日,"2001 年"不得写成"01","5 月 7 日"不能写成"5/7"或"7/5",应写成 2001.05.07;按规定除年按四位数填写外,月、日应按两位数填写,一位数月、日前应加"0",如 5 月 7 日应写成"05 月 07 日",免除将 1 月、2 月改为 11 月、12 月和将 1~9 改为 11~19 日和 31 日的可能。

11. 时间的小时、分一律用两位数字填写,并以":"分开。三班连续操作时间应按照 00:00~24:00 填写。如:"20:00"不能写成"08:00";03 月 08 日的 00:12 不能写成 03 月 07 日的 24:12。

12. 散页记录应检查是否完整,然后将完整无缺的记录附以封面,按月装订,在封面注明名称、起止日期,交主管审阅后妥善保管。

13. 记录在收到资料室保管前,记录保管员应检查其是否完整,将完整无缺的记录收回资料室保管,对缺项漏页等记录出现的问题,报相关领导进行处理。

思考练习

一、填空题

1. _____是由会议组织者指定专人,如实、准确地记录会议的组织情况、会议进程和会议内容的一种原始性文书。

2. 简易记录只要求记载会议的_____、会议的_____,不必记录发言的内容和经过。

3. _____应当采用详细记录,尽可能做到有言必录,以记载会议的全过程。

4. 专用性标题由_____和_____组成。

5. 会议记录是立卷归档的重要材料,一般都列为_____,因此一定要用钢笔或毛笔记录。

二、简单题

1. 简述会议记录的含义。
2. 简述会议记录的格式和内容。
3. 简述会议记录的要求。

单元要点归纳

通过本单元的学习,了解展会宣传推广计划的特点、会展广告媒体的选择、展会通讯的作用,掌握展会宣传推广计划的内容、会展广告文案的写作、展会通讯的内容、会展记录的格式。展会宣传推广计划是展会的整体宣传推广计划,它是展会策划和经营工作中的一个重要环节,对展会的发展有重要的影响;会展广告文案要注意媒体的选择,如果是消费性质的展出,其广告文案可以选择使用大众传媒;如果是专业性质的贸易展出,其广告文案就要选择使用生产和流通领域里针对目标观众的专业媒体;展会通讯是办展机构根据展会的实际需要编写的、用来向展会的目标客户通报展会有关情况的一种宣传资料;而会展记录则是进行会展管理的重要方法。

思考练习答案

第一单元学习任务1

一、选择题

1．C　2．D　3．A

二、简答题（略）

第一单元学习任务2

一、选择题

1．B　2．B　3．D　4．A　5．D

二、简答题（略）

第二单元学习任务1

一、填空题

1．会展市场调研　2．定性研究、定量研究　3．专业性要求高、访谈和研究对象复杂、政策性很强　4．会展市场调研报告　5．标题页

二、简答题（略）

第二单元学习任务2

一、填空题

1．会展问卷调查　2．问卷说明　3．有效性、真实度　4．封闭式问卷　5．开放式问卷

二、简答题（略）

第二单元学习任务3

一、填空题

1．会展调查报告　2．会展在什么地方举行、会展在哪个地方举办　3．项目可行性分析、市场调研　4．保护名牌会展、促进新型项目　5．展会立项策划书

二、简答题（略）

第二单元学习任务4

一、填空题

1．综合、专项（单项）　2．文字式、表格式　3．会展计划　4．范围　5．目标、措施、步骤

二、简答题（略）

第二单元学习任务5

一、填空题

1．国内机关申请举办国际组织的会展活动　2．文章式、表格式　3．申办报告　4．国

内办展项目申请报告　5.出国办展项目申请报告

二、简答题(略)

第三单元学习任务1

一、填空题

1.招展单位分工安排、招展地区分工安排　2.整体、总体　3.专业观众　4.普通观众　5.展览题材、会展定位

二、简答题(略)

第三单元学习任务2

简答题(略)

第三单元学习任务3

一、填空题

1.参展商邀请函　2.参展申请表　3.观众邀请函　4.目标观众数据库　5.报名截止时间之前

二、简答题(略)

第四单元学习任务1

一、填空题

1.参展说明书　2.布展、撤展　3.基本部分、限定部分、行业标识　4.主办单位　5.平面图、交通图

二、简答题(略)

第四单元学习任务2

一、填空题

1.会议、表演、比赛　2.集中　3.文艺性表演活动、营销性表演活动、程序性表演活动　4.目的、创意　5.主办单位自己策划并组织、外包给一家专业策划公司、面向社会公开招标

二、简答题(略)

第五单元学习任务1

一、填空题

1.整体性、阶段性、计划性、服务性　2.展会宣传推广工作　3.量化标准、反馈标准　4.宣传推广策划　5.会议、比赛、表演

二、简答题(略)

第五单元学习任务2

一、填空题

1.广告　2.专业报刊、内部刊物、展览会专刊　3.语言文字部分　4.简洁、准确　5.专业报刊、内部刊物、展览会专利

二、简答题(略)

第五单元学习任务3

一、填空题

1.展会通讯 2.知识性、时尚性、趣味性 3.招商的渠道、招商宣传推广、招商措施 4.目标客户 5.直接邮寄、电子邮件

二、简答题（略）

第五单元学习任务4

一、填空题

1.会议记录 2.概况、议题和结果 3.重要会议 4.会议名称、记录 5.永久保存

二、简答题（略）

参考文献

[1] 向国敏. 文案写作[M]. 上海:立信会计出版社,2006.
[2] 毛军权,王海庄. 会展文案[M]. 上海:复旦大学出版社,2006.
[3] 龚维刚. 会展实务[M]. 上海:华东师范大学出版社,2007.
[4] 向国敏. 会展实务[M]. 上海:上海财经大学出版社,2005.
[5] 王瑾秀. 会展文案[M]. 北京:高等教育出版社,2006.
[6] 吴信菊. 会展概论[M]. 上海:上海交通大学出版社,2006.
[7] 王云玺. 会展管理[M]. 上海:上海交通大学出版社,2006.
[8] 韦晓军. 会展文案写作[M]. 重庆:重庆大学出版社,2009.

图书在版编目（CIP）数据

会展文案写作/纪庆军,王茜主编.—济南：山东科学技术出版社,2016.12
ISBN 978-7-5331-8226-7

Ⅰ.①会… Ⅱ.①纪… ②王… Ⅲ.①展览会—文书—写作—中等专业学校—教材 Ⅳ.①H152.3

中国版本图书馆 CIP 数据核字(2016)第 091825 号

会展文案写作

主编 纪庆军 王 茜

主管单位：北京出版集团有限公司
　　　　　山东出版传媒股份有限公司
出 版 者：北京出版社
　　　　　山东科学技术出版社
　　　　　地址：济南市玉函路 16 号
　　　　　邮编：250002　电话：(0531)82098088
　　　　　网址：www.lkj.com.cn
　　　　　电子邮件：sdkj@sdpress.com.cn
发 行 者：山东科学技术出版社
　　　　　地址：济南市玉函路 16 号
　　　　　邮编：250002　电话：(0531)82098071
印 刷 者：山东金坐标印务有限公司
　　　　　地址：莱芜市赢牟西大街 28 号
　　　　　邮编：271100　电话：(0634)6276023

开本：787mm×1092mm　1/16
印张：11.25
字数：259 千
印数：1—2000
版次：2016 年 12 月第 1 版　2016 年 12 月第 1 次印刷

ISBN 978-7-5331-8226-7
定价：24.80 元